助力乡村振兴
出版计划

【现代乡村社会治理系列】

# 新农村
# 人居环境治理
## 及案例分析

主编　金仁旻　陈倩倩

时代出版传媒股份有限公司
安徽科学技术出版社

**图书在版编目(CIP)数据**

新农村人居环境治理及案例分析 / 金仁旻,陈倩倩主编.--合肥:安徽科学技术出版社,2022.12(2023.9重印)
助力乡村振兴出版计划.现代乡村社会治理系列
ISBN 978-7-5337-8630-4

Ⅰ.①新… Ⅱ.①金…②陈… Ⅲ.①农村生态环境-环境管理-研究-中国 Ⅳ.①F323.22

中国版本图书馆 CIP 数据核字(2022)第 222350 号

**新农村人居环境治理及案例分析**　　　　　　　主编　金仁旻　陈倩倩

出 版 人:王筱文　　　　　　　选题策划:丁凌云　蒋贤骏　余登兵
责任编辑:周璟瑜　高清艳　　　责任校对:岑红宇
责任印制:廖小青　　　　　　　装帧设计:武　迪
出版发行:安徽科学技术出版社　　　http://www.ahstp.net
　　　　　(合肥市政务文化新区翡翠路 1118 号出版传媒广场,邮编:230071)
　　　　　电话:(0551)63533330
印　　制:合肥华云印务有限责任公司　　电话:(0551)63418899
(如发现印装质量问题,影响阅读,请与印刷厂商联系调换)

开本:720×1010　1/16　　　印张:9　　　字数:117 千
版次:2022 年 12 月第 1 版　　　印次:2023 年 9 月第 2 次印刷

ISBN 978-7-5337-8630-4　　　　　　　　　　定价:32.00 元

# "助力乡村振兴出版计划"编委会

## 主　任

查结联

## 副主任

陈爱军　罗　平　卢仕仁　许光友
徐义流　夏　涛　马占文　吴文胜
董　磊

## 委　员

胡忠明　李泽福　马传喜　李　红
操海群　莫国富　郭志学　李升和
郑　可　张克文　朱寒冬　王圣东
刘　凯

### 【现代乡村社会治理系列】

[本系列主要由安徽农业大学、安徽省委党校（安徽行政学院）组织编写]

总主编：马传喜
副总主编：王华君　孙　超　张　超

# 出版说明

　　"助力乡村振兴出版计划"（以下简称"本计划"）以习近平新时代中国特色社会主义思想为指导,是在全国脱贫攻坚目标任务完成并向全面推进乡村振兴转进的重要历史时刻,由中共安徽省委宣传部主持实施的一项重点出版项目。

　　本计划以服务乡村振兴事业为出版定位,围绕乡村产业振兴、人才振兴、文化振兴、生态振兴和组织振兴展开,由《现代种植业实用技术》《现代养殖业实用技术》《新型农民职业技能提升》《现代农业科技与管理》《现代乡村社会治理》五个子系列组成,主要内容涵盖特色养殖业和疾病防控技术、特色种植业及病虫害绿色防控技术、集体经济发展、休闲农业和乡村旅游融合发展、新型农业经营主体培育、农村环境生态化治理、农村基层党建等。选题组织力求满足乡村振兴实务需求,编写内容努力做到通俗易懂。

　　本计划的呈现形式是以图书为主的融媒体出版物。图书的主要读者对象是新型农民、县乡村基层干部、"三农"工作者。为扩大传播面、提高传播效率,与图书出版同步,配套制作了部分精品音视频,在每册图书封底放置二维码,供扫码使用,以适应广大农民朋友的移动阅读需求。

　　本计划的编写和出版,代表了当前农业科研成果转化和普及的新进展,凝聚了乡村社会治理研究者和实务者的集体智慧,在此谨向有关单位和个人致以衷心的感谢!

　　虽然我们始终秉持高水平策划、高质量编写的精品出版理念,但因水平所限仍会有诸多不足和错漏之处,敬请广大读者提出宝贵意见和建议,以便修订再版时改正。

中国要美,农村必须美。2018年,中共中央办公厅、国务院办公厅印发了《农村人居环境整治三年行动方案》,通过三年整治行动,农村人居环境明显改善,但还存在总体质量水平不高、区域发展不平衡、生活设施不完善、管护机制不健全等问题。2021年,中共中央办公厅、国务院办公厅印发了《农村人居环境整治提升五年行动方案(2021—2025年)》,农村人居环境整治进入全面提升阶段。

全面提升阶段在总体目标上从推动村庄环境干净整洁向美丽宜居升级;在重点任务上从全面推开向整体提升迈进;在保障措施上从探索建立机制向健全长效管护机制深化。这些变化对农村人居环境治理的参与者提出了更高的能力要求。为提升各参与主体的治理能力,特编写《新农村人居环境治理及案例分析》。本书分为上、下两篇。上篇为理论政策篇,主要从背景、意义、基础理论和政策解读四个方面进行阐述,帮助读者夯实人居环境治理工作的理论功底。下篇为项目案例篇,案例编写既考虑深度问题,也考虑广度问题。深度上,书中针对每个案例,从基本情况、主要做法和经验总结三个方面进行阐述,既为读者提供感性认知,也为读者提供经验思考。广度上,虽然人居环境治理主要以村为单位,但本书适当添加了县(区)、镇的案例,以提高案例借鉴广度。

在编写本书的过程中,特别感谢各案例所在地及相关单位提供的资料信息和调研支持,受于篇幅限制,具体单位不一一列出。本书编写还广泛参阅了相关材料和研究成果,如有资料来源标注疏漏,烦请联系我们。因水平有限,编写难免会有错漏之处,敬请广大读者提出修改意见。

# 目 录

上篇
理论政策篇

# 第一章 绪 论

## 第一节 新农村人居环境治理背景

我国实施改革开放政策以来,经济发展迅速,人民生活水平显著提高。但与此同时,一些社会问题也随之而来,比如环境污染等。尤其是在我国农村,人居环境治理问题逐渐凸显。一方面,我国早期城乡发展过程中存在"重城市、轻农村"的传统观念,不仅拉大了城乡经济发展水平的差距,也使城乡环境保护和整治工作之间的差距被日益拉大。另一方面,农民自身环保意识相对较弱,使得农村环境整治问题面临更大的挑战。

整治农村人居环境,改善农民居住环境,是实施乡村振兴战略的重点任务,是农民群众的深切期盼,是近些年国家的重点工作。2018年,中共中央办公厅、国务院办公厅印发《农村人居环境整治三年行动方案》(以下简称《三年行动方案》),遵循因地制宜、分类指导开展农村人居环境整治工作的基本原则,聚焦农村生活垃圾、生活污水治理和村容村貌提升等重点领域,整合各种资源,强化各项举措,稳步有序推进农村人居环境突出问题治理,让农民群众有更多实实在在的获得感、幸福感,为如期实现全面建成小康社会的目标打下坚实基础。

自2018年《三年行动方案》实施以来,全国各地认真贯彻党中央和国务院的决策部署，全面扎实推进农村人居环境整治工作，扭转了农村过去存在的"脏乱差"局面，村庄环境基本实现干净、整洁、有序，农民群众的环境卫生观念发生转变，生活质量普遍提高，为全面建成小康社会提供了有力支撑。但是，我国农村人居环境总体质量水平不高，还存在区域发展不平衡、基本生活设施不完善、管护机制不健全等问题，与农业农村现代化要求和农民群众对美好生活的向往还有差距。要建设美丽中国，必须建设美丽乡村。要建设美丽乡村，必须要大力治理乡村环境。

与其他工作相比，农村环境整治难度大，见效慢，影响又非常深远。随着社会建设的快速发展，我们所要承担的责任更加重大，所要面对的问题和所要解决的难题都更加复杂。为此，在2018年《三年行动方案》的基础上，2021年，中共中央办公厅、国务院办公厅进一步印发《农村人居环境整治提升五年行动方案（2021—2025年）》（以下简称《五年行动方案》）。《五年行动方案》以习近平新时代中国特色社会主义思想为指导，遵循因地制宜、分类施策、规划先行、统筹推进、立足农村、突出特色、问需于民、突出主体、持续推进、健全机制等原则，以农村厕所革命、生活污水和生活垃圾治理、村容村貌提升为重点，巩固拓展农村人居环境整治三年行动成果，全面提升农村人居环境质量，计划到2025年，农村人居环境显著改善，生态宜居美丽乡村建设取得新进步，比如：农村卫生厕所普及率稳步提高，厕所粪污基本得到有效处理；农村生活污水治理率不断提升，乱倒乱排得到管控；农村生活垃圾无害化处理水平明显提升，有条件的村庄实现生活垃圾分类、源头减量；农村人居环境治理水平显著提升，长效管护机制基本建立。

2022年，中共中央办公厅、国务院办公厅印发《乡村建设行动实施方案》，进一步强调了实施农村人居环境整治提升五年行动的重要性。该方案提出要推进农村厕所革命，加快研发干旱、寒冷等地区卫生厕所适

用技术和产品,因地制宜选择改厕技术模式,引导新改户用厕所基本入院入室,合理规划布局公共厕所,稳步提高卫生厕所普及率。统筹农村改厕和生活污水、黑臭水体治理,因地制宜建设污水处理设施,基本消除较大面积的农村黑臭水体。健全农村生活垃圾收运处置体系,完善县乡村三级设施和服务,推动农村生活垃圾分类减量与资源化处理利用,建设一批区域农村有机废弃物综合处置利用设施。加强入户道路建设,构建通村入户的基础网络,稳步解决村内道路泥泞、村民出行不便、出行不安全等问题。全面清理私搭乱建、乱堆乱放,整治残垣断壁,加强农村电力线、通信线、广播电视线"三线"维护梳理工作,整治农村户外广告。因地制宜开展荒山荒地荒滩绿化,加强农田(牧场)防护林建设和修复,引导鼓励农民开展庭院绿化和村庄美化,建设村庄小微公园和公共绿地。实施水系连通及水美乡村建设试点。加强乡村风貌引导,编制村容村貌提升导则。该方案为全面推进乡村振兴、加快农业农村现代化、建设美丽中国提供有力支撑。

## ▶ 第二节　新农村人居环境治理意义

随着我国社会生产力水平不断提高,人民生活水平显著改善,人民群众对美好生活的向往更加强烈。人民群众的需求也呈现多样化、多层次、多维度的特点,人们开始期盼更好的教育、更稳定的工作、更满意的收入、更可靠的社会保障、更高的医疗卫生服务水平、更舒适的居住条件、更优美的环境和更丰富的精神文化生活。其中,要满足人民群众对更优美的环境的需求,我们就要大力进行环境治理,尤其是对环境保护力度相对薄弱的农村进行治理。

　　自十九大提出实施乡村振兴战略以来,全国各地乡村发展工作开展得如火如荼,农村的经济、文化、环境等都得到了改善。但不可否认的是,当前包括生态环境在内的不平衡、不充分的发展已经成为满足人民日益增长的美好生活需要的主要制约因素。人们向往青山绿水、蓝天白云,期待建设一个生态环境良好的美好家园、一个美丽的中国。要想满足人民对美好生活向往的需求,我们就必须要解决好生态环境问题。

　　我国目前的农村人居环境品质距离人们的需求还有很大差距。所以,让乡村成为生态宜居的美丽家园,让居民望得见山、看得见水、记得住乡愁,是实现乡村振兴的题中之义。良好的农村人居环境意味着村庄应该具备便利的交通运输条件、健全的医疗卫生系统、完善的公共基础设施及绿色可持续的生态环境等,这些基本条件也恰巧是实现农村经济发展的重要前提。整治农村人居环境,要为村庄营造积极发展的良好氛围,保证村庄充足的物质基础,传承村庄成长过程中丰富的文化底蕴,更要健全村庄各方面的规章制度,努力实现人与自然的和谐共生,为我国乡村振兴打下坚实的基础。

　　目前,大部分农村建设项目在改善农村人居环境层面上缺少有力的推进措施,农村人居环境的整体性规划不够细致,农村环境治理的水平较低,有关改善农村人居环境的政策措施等方面还不是很完善,相应的财政支持力度较为缺乏,补贴资金的来源不够宽泛。在机遇与挑战并存的情况下,如何充分挖掘农村的发展潜力,让治理污染与发展经济并驾前行是农村健康发展的关键。美丽中国的重点在农村,难点也在农村——这也凸显了农村人居环境整治对我国整体环境治理的重要性,解决好、整治好农村环境污染问题,改善农村人居环境,对于城乡融合发展、实现共同富裕具有重要意义。

## 第三节　人居环境治理基础知识

### 一　农村人居环境

人居环境是人们聚集在一起生产生活的空间。它既是人们在地表空间中生存的基础，又是人们利用和改造自然的主要场所。长期以来，人们对人居环境的关注主要集中在城市，而农村人居环境容易被忽略。对于农村人居环境的定义，一直以来并没有统一的标准。遵循对一般人居环境的定义，从广义上来讲，农村人居环境既包括"硬件"条件，如居住条件、绿化美化、基础设施等，又包括"软件"环境，如社会交往、心理归属感等。从狭义上来看，农村人居环境仅指影响农村居民生产生活的物质条件，如居住条件、道路状况等。

### 二　农村人居环境治理

治理是个人和各种公共的或私人的机构管理其共同事务的诸多方式的总和。它是政治国家与公民社会的合作、政府与非政府组织的合作、公共机构与私人机构的合作、强制与自愿的合作，同时也是一个上下互动的过程。政府、非政府组织及各种私人机构主要通过合作、协商、伙伴关系，基于共同的目标处理公共事务。

农村人居环境治理是综合性事务，主要包括农村公厕改造、农村生活污水处理、农村生活垃圾治理、农村村容村貌提升等方面的内容。农村人居环境直接影响村民生活、生产健康。农村人居环境治理是指各级政府、企业、社会组织、农民等主体，根据国家的法律法规、相关政策，针对农村生产生活环境中存在的问题进行调整和改善,为全体村民提供优质的生活条件、绿色的生产条件,最终实现人与自然和谐共生。农村人居环境治理的主体包括政府、农村居民、企业和其他相关组织等。政府在农村人居环境治理的过程中处于关键位置,在筹划实施、统筹推进、多方协调等方面发挥着举足轻重的作用。农村居民是农村人居环境问题的制造者,也是环境治理的主要获益者,其能否积极参与直接关系着农村人居环境治理的效果。企业和其他相关组织是治理过程中一线的实施者,本身具备技术、资本、人才优势,参与到治理过程中,可以提高农村人居环境治理的效率。

农村人居环境治理不能仅仅停留在环境卫生层面,事实上,它事关全面建成小康社会,事关广大村民的根本福祉,事关农村社会的文明和谐。因此,还需要把农村人居环境整治工作作为建设生态文明的核心内容,积极做好改善农村生态环境、提高农业生产、规划村庄院落等工作,确保村民在开展活动的过程中可以与自然生态环境形成和谐共生的关系,从而对农村已经构建的人居环境结构进行优化。同时,要增强生态环境与经济协调发展的程度,在农村人居环境治理的过程中彰显传统文化的内涵、承载先进文明的特色。

### 三　可持续发展理论

随着世界工业化进程的加快,人类的生活品质在短期内得到提升,但是从长期发展来看,自然环境遭到破坏、生态环境失衡、能源短缺等问题给高质量发展带来瓶颈,其中环境问题逐渐受到广泛关注。首先关注到经济生产活动与环境污染关系的是美国的海洋生物学家蕾切尔·卡逊。1962年,蕾切尔·卡逊发表著作《寂静的春天》,她非常敏感地将一些生物的消失与化学农药的使用联系了起来,认为正是因为美国在20世纪

40年代发明了化学农药,在20世纪50年代生产使用了化学农药,才导致环境遭到污染,一些生物消失。

这本书产生了非常深远的影响,促使更多人思考人类发展与环境之间的问题。罗马俱乐部就是受这本书的影响而诞生的。罗马俱乐部于1968年成立,最初由10个国家的30位科学家、教育家、经济学家、实业家等组成,旨在研究人类面临的共同的问题。1972年,他们发表了研究报告《增长的极限》,指出地球的支撑能力是有限的,由于人口不断增长,粮食面临短缺,资源消耗很快,环境污染越来越重,这些因素如果不加控制,到某一个时间就会达到极限,地球承受不了,这个时候经济就会发生不可控制的衰退。报告发表后,越来越多的人开始对于人口增长、粮食短缺、资源消耗、环境污染等问题产生忧虑。

联合国在1972年召开了人类环境大会,发表《人类环境宣言》,向全球发出呼吁:已经到了这样的历史时刻,在决定世界各地的行动时,必须更加审慎地考虑它们对环境产生的后果。1983年,世界环境与发展委员会成立,并于1987年发表研究报告《我们共同的未来》,报告提出:环境危机、能源危机和经济发展危机,三者不能分割;地球上的资源和能源,远远不能满足人类发展的需要;人类需要有一条新的发展道路,这条道路不是仅能够在若干年内、在若干地方支持人类进步的道路,而是一直到遥远的未来都能支持全人类进步的道路。新的发展道路有两个特点:一是我们的发展不能是短期行为,一定要长期到遥远的未来,到子孙后代、千秋万代;二是不能够只惠及局部地方、某些国家,一定要惠及全人类。报告将这种新的发展道路定义为"可持续发展"的道路。

## (四) 人居环境科学理论

随着工业化、城市化不断深化,诸多有关人类生存环境的危机随之出现。针对这些日益严重的环境危机，人们以建设美好的人类生活环境为目的，从包含乡村及城市的整体视角出发，提出了人类聚居学概念。国内学者吴良镛结合中国本土特点，率先提出建立人居环境科学理论，并将人居环境定义为"人类聚居生活的地方"，它是"与人类生存活动密切相关的地表空间，是人类在大自然中赖以生存的基地，是人类利用自然、改造自然的主要场所"。人居环境科学理论有两个基本要点。一是全面性。人居环境科学理论涉及了城市规划、建筑、地理等多学科，这就要求对于人居环境科学的研究不能仅从单一方面进行研究，全面、系统地分析内在规律，才能利用其联系更好地改善人类的居住环境。另外，人居环境科学是以所有人类聚居生活的地方为研究对象，因此既包括乡村，也包括城市。二是关联性。人居环境涉及要素众多，且随着社会发展，各要素相互作用、相互影响。总体上，以人为本、绿色可持续发展理念是当前人居环境科学理论发展的趋势。

### 五 公共治理理论

公共治理理论是人居环境治理的重要理论基础。该理论主张在增强政府理性的基础上行使政府权力和履行政府职能，使社会环境得到更高水平的发展。公共治理理论具有治理主体多元化和治理方式多元化的特征，强调政府并不是唯一的治理主体，包括团体、企业、社会组织、个人等在内的多元化主体都是治理行动开展的参与者。不同主体可以充分发挥不同的治理作用，使治理效率全面提升。公共治理理论还强调治理方式的多元化，强调民主互动方法的使用，即政府不可以依靠运用强制手段来彰显自身权威，而是在市场、社会和政府均发挥作用的体系下，凸显多元化治理方式的显著效用。就农村人居环境治理而言，政府应该成为农村治理人居环境的主导者和支持者，以农村居民为载体的治理主

体应该积极参与治理人居环境的活动,在整治环境卫生、建设基础设施、供给公共服务等方面发挥自身协同作用,确保治理所具备的有效性可以发挥出来,真正实现农村人居环境改善的目标。另外,任何一个独立的主体都不具备单独解决农村人居环境治理问题的能力,只有多个主体形成协作关系和互通关系,构建起合作网,才能实现全面解决问题的目标。因此,形成合作关系的各个主体在开展互动的过程中会形成清楚的定位,并借助交流、对话等方式来达成一致的目标,促使各个参与主体的优势被充分发挥出来,这对实现农村人居环境改善至关重要。

## (六) 习近平生态文明思想

自改革开放以来,我国经济得到快速发展,并完成了全面建成小康社会的目标。但同时,我国经济社会的发展受到了前所未有的挑战,人口、资源和环境等因素对今后经济社会的发展有着极其深远的影响,以原有的发展方式,我国已没有足够的资源和空间来支撑经济社会的可持续发展。

在环境和资源的双重约束下,生态文明作为我国现代文明发展的基本内容之一,体现了社会主义文明发展的基本特点和趋势。要实现我国经济和社会的全面发展,需要良好的生态环境和充足的自然资源做保证。但是,我国的基本国情,尤其是生态环境和自然资源状况,已成为制约我国经济和社会发展的瓶颈。在资源方面,我国人均资源占有量少,且分布很不平衡,经济发展与资源短缺的矛盾十分突出;在生态方面,一些生物物种濒临灭绝,生态系统十分脆弱,自然灾害频繁;在环境方面,随着我国工业化、城市化的加快,"三废"问题十分突出。现实要求我们必须摒弃以牺牲资源和环境为代价来换取经济暂时繁荣的这种落后的发展模式,要贯彻落实科学发展观,构建人与自然和谐发展的理论,在全社会倡导生态文明,实现经济发展和人口、资源、环境相协调,坚持走生产发展、生活富裕、生态良好的文明发展道路,保证一代接一代地持续发展,建设生态文明社会。

习近平生态文明思想正是立足我国经济、社会、环境的发展现状,形成的具有丰富知识与实践经验的科学理论。习近平生态文明思想回答了为什么建设生态文明、建设什么样的生态文明、怎样建设生态文明的重大理论和实践问题,集中体现为"生态兴则文明兴、生态衰则文明衰"的深邃历史观,"人与自然和谐共生"的科学自然观,"绿水青山就是金山银山"的绿色发展观,"良好生态环境是最普惠的民生福祉"的基本民生观,"山水林田湖草是生命共同体"的整体系统观,"用最严格制度保护生态环境"的严密法治观,"全社会共同建设美丽中国"的全民行动观,"共谋全球生态文明建设"的共赢全球观。

如何处理现代化过程中经济发展与环境保护之间的关系是人类现在仍然面临的难题。西方国家现代化走了一条先发展、后治理的道路。习近平生态文明思想提出人与自然是生命共同体、人不能凌驾于自然之上、要顺应自然等思想,确定了环境在生产力构成当中所占据的基础性、保障性地位。其实,纵观人类的发展史,尤其是世界近代史,我们就可以发现,人类确实是可以通过自己的能力、技术去利用资源、改造自然,但是从本质上来看,人类仍然是自然生态环境的构成部分之一,人类是绝不可能凌驾于整个自然生态系统之上的。对于全人类来说,目前都面临着人类与自然之间的矛盾问题。为了能够实现可持续发展与人类的全面发展,就必须将保护生态环境作为重要的任务,需要将人与自然和谐共处作为经济发展过程中的一个重要目标。生态文明建设工作不仅仅关乎当代人的利益,更与我们子孙后代及整个人类的未来都有着密切的关系。习近平生态文明思想在世界现代化思想史上,摒弃了西方以资本

为中心的现代化、两极分化的现代化、物质主义膨胀的现代化、对外扩张的现代化老路,在破解经济发展与环境保护的难题方面做出了重大贡献,丰富了世界现代化思想,发展了社会主义现代化理论,走出了中国式现代化道路,拓展了发展中国家走向现代化的途径。

# 第二章

# 我国农村人居环境治理历程

改革开放以来,随着工业化和城镇化的推进,我国农村环境问题日益凸显。2005年,党的十六届五中全会提出建设社会主义新农村的战略任务,此后中央对农村的环境保护问题给予高度重视。从历史的角度看,农村环境治理既具有明显的时代性特征,又具有长期性特征。与之对应,政府对农村环境治理问题也越来越重视,并出台了一系列具有阶段性特征的政策。本章通过对不同阶段我国农村环境问题的特征和相关政策的变化进行回顾、梳理和分析,明确新时代农村环境治理的目标和定位,为新时代的农村环境治理提供参考。

## ▶ 第一节　酝酿阶段(1977—1994年)

### 一 农村环境治理阶段性特征

20世纪80年代,我国经济基础较为薄弱,经济发展和生态环境保护之间的矛盾并不突出,工业发展对资源环境的影响相对较小。但是,随着改革开放的深入推进,我国经济社会快速发展,经济规模日益扩大,环境问题逐渐凸显。这一阶段的农村环境问题以农业面源污染和乡镇企业污染为主,主要表现为以下两个方面的特征。

### 1. 传统农业面源污染迅速发展

改革开放初期,提升农业生产水平、解决全国人民的温饱问题是当时的主要任务。1978年,家庭联产承包责任制取代了生产队的集体生产体制,极大地激发了农民从事农业生产的积极性。由于当时的农业生产以粗放型为主,为了增加农业产量,化肥、农药等被大量施用,导致大规模农业面源污染,农村环境问题开始略有显现。化肥的大量使用,使得氮、磷等营养元素流入水体,造成湖泊、海域等地表水体富营养化。高毒性农药(主要指有机氯农药,如"六六六"和"DDT")的长期大量使用,虽然可以杀死害虫,但是同时也导致益虫灭绝,还会在环境和人畜体内富集累积,造成了土壤和农畜产品的普遍污染。据统计,20世纪80年代,原卫生部对全国16个省区市的7700多份农畜产品进行检验,发现其中50%以上含有"六六六"农药,动物性样品几乎100%含有"六六六"农药。

为了解决农业用水紧张和农业生产的增肥增产问题,1979年,我国颁布《中华人民共和国环境保护法(试行)》,在法律层面上对污水灌溉进行了界定,鼓励采用工业和城市的生活污水灌溉农田。20世纪70年代开始推广的污水灌溉在20世纪80年代迅速发展。未经处理或处理不达标的污水中通常富含大量的化学污染物和病原微生物,灌溉后会造成农田污染,降低土壤质量,减少农作物产量,并通过食物链进入人体,给人体健康和环境带来严重的影响。污水灌溉一方面缓解了水资源压力,另一方面也使大量未经处置的工业污水进入农田,对土壤和地下水造成严重的污染,对农作物生产也造成了极大的安全隐患。这一政策导致了我国农田大面积污染。根据20世纪80年代全国污水灌溉区农业环境质量普查协作组的调查,我国86%的污水灌溉区水质不符合灌溉要求,重金属污染面积占到了污灌总面积的65%,其中以汞污染和镉污染最为严重。

### 2. 乡镇企业污染问题日益凸显

20世纪80年代初,我国城镇化进程不断加快,城市经济迅速发展。由于当时农村环境保护意识不强,城市生活垃圾和工业生产过程中产生的废物,甚至国外的废弃物通过各种形式进入广大农村地区。原来位于城市的污染型企业也开始向农村地区转移,一些高污染、高消耗的化工、造纸等行业进入农村开办工厂,带来了严重的环境污染,破坏了农村地区的生态环境。

这一时期,乡镇企业蓬勃发展,虽然促进了乡镇建设,解决了农村劳动力转移的问题,快速提高了农村居民的收入水平,但是乡镇企业的盲目发展、掠夺式开发和粗放式经营也给农村带来了新的环境问题。一方面,由于当时缺乏有效的监督和管理,乡镇企业在生产过程中产生的大量污染物往往未经过任何处理就被排入自然环境中,造成了农村土壤、空气和水体受到不同程度和范围的污染;另一方面,为了扩大经营规模,乡镇企业侵占土地,砍伐森林、占用耕地,造成水土流失和土壤沙化。大大小小的乡镇企业数量多、分布范围广,成为这一时期农村环境污染的重要来源,其污染程度和范围甚至超过了城市工业污染转移带来的危害。

## （二）农村环境治理政策行动

为了应对农业面源污染带来的环境问题,国家相继出台了一系列针对性政策(表2-1)。1983年,国务院决定全面停止使用高毒性有机氯农药"六六六"和"DDT"。1984年,国务院出台了《关于加强环境保护工作的决定》,1985年出台了《关于开展生态农业,加强农业生态环境保护工作的意见》,提出推广生态农业的要求。1989年正式实施的《中华人民共和国环境保护法》明确规定,各级人民政府应当加强对农业环境的保护,

合理使用化肥、农药及植物生长激素。1993年颁布实施的《中华人民共和国农业法》要求，应当保养土地、合理使用农药和化肥、增加有机肥使用等。为了应对乡镇企业发展带来的农村环境问题，国务院在1984年出台的《关于加强乡镇、街道企业环境管理的规定》中明确指出，禁止污染向乡镇、街道转移。1986年，《中华人民共和国国民经济和社会发展第七个五年计划（1986—1990年）》明确指出，对乡镇企业的发展，要合理规划，应当防止对环境的污染，禁止城市向农村转移污染。

　　总的来说，这一阶段农村生态环境问题以农业面源污染和乡镇工业污染为主。在这一时期农业发展的过程中，传统农业生产过程中施用大量的化肥和农药、地下水被过度开采和灌溉、乱砍滥伐、过度开垦和放牧、高毒性农药的大量使用、污水灌溉等一系列不当生产行为，给农村生态环境埋下巨大隐患。城市固体废物和工业企业的转移及乡镇企业的迅速兴起，也给农村地区带来日益严重的环境问题。为了应对这一时期的农村环境问题，我国初步制定了相应的环境政策。具体而言，我国在环境保护方面确定了大政方针，采取一系列措施，健全了环境管理机构，其中就涉及了农业农村环保工作，但环保工作依旧停留在概念及口号上，缺乏具体行动和针对性政策等，致使农业面源污染仍不断加剧，农业水、土等资源环境问题日益严重。总之，这一阶段农业面源污染防治政策基本还处于酝酿阶段，只是在大方向上提出了目标，尚且缺少具体的、有针对性的政策行动。与此同时，我国农业环保机构在不断地进行整合改革。1985年，原农牧渔业部成立了环境保护委员会，农业环境保护工作由农业部门负责。1987年，原农牧渔业部能源环保办公室改名为农牧渔业部能源环境保护局，1989年改为环保能源司。可见，农业环保机构的地位和职能在不断完善。这一阶段属于农村环境治理政策的酝酿阶段。

表2-1　1979—1993年我国农村环境治理政策梳理

| 年份 | 政策名称 | 主要内容 |
|---|---|---|
| 1979年 | 《中华人民共和国环境保护法(试行)》 | 在法律层面上对污水灌溉进行了界定,鼓励采用工业和城市生活污水灌溉农田 |
| 1984年 | 《关于加强乡镇、街道企业环境管理的规定》 | 明确指出禁止污染向乡镇、街道转移 |
| 1984年 | 《关于加强环境保护工作的决定》 | 促进环境保护和经济建设协调发展 |
| 1985年 | 《关于开展生态农业　加强农业生态环境保护工作的意见》 | 提出推广生态农业的要求 |
| 1986年 | 《中华人民共和国国民经济和社会发展第七个五年计划(1986—1990年)》 | 对乡镇企业的发展,要合理规划,应当防止对环境的污染,禁止城市向农村转移污染 |
| 1989年 | 《中华人民共和国环境保护法》 | 各级人民政府应当加强对农业环境的保护,防治土壤污染,防治水土流失,合理使用化肥、农业及植物生长激素 |
| 1993年 | 《中华人民共和国农业法》 | 保养土地,合理使用农药、化肥,增加有机肥使用 |

## ▶ 第二节　起步阶段(1995—2001年)

### 一　农村环境治理阶段性特征

　　20世纪90年代,农业农村环境问题开始集中显现,并且呈现愈演愈烈的态势,具体表现为点源污染和面源污染共存、农村生活污染和农业生产污染叠加、乡镇企业污染和城市污染转移并存。乡镇企业污染、城市工业"三废"和农村自身污染是这一阶段农村环境的三大污染源。其中,乡镇企业污染和城市固废污染状况加剧,农业自身造成的污染效应开始显现,成为这一时期重要的污染问题,突出表现在化肥、农药、农膜

的使用量迅速增加,农村生活污染问题突出,畜禽粪便污染排放量大,给农村生态环境带来严重影响。农田过量施用氮、磷化肥,导致地下水污染和水体富营养化问题开始凸显。研究表明,在巢湖、太湖、滇池的富营养化问题中,农村生活污水和农业生产污染的占比超过80%。许多农村地区基础设施落后、缺乏有效的环境管理手段,生活污水和生活垃圾污染问题开始显现,比例甚至超过工业污染。

## 二 农村环境治理政策行动

针对这一阶段的问题,我国相继出台了一系列政策法规。为了防治农业生产过程中农药、化肥、农膜过量使用造成的污染问题,1990年国务院出台了《关于进一步加强环境保护工作的决定》,强调要控制农药、化肥、农膜对环境的污染。随后,1991年国务院颁布了《中华人民共和国水土保持法》、1993年颁布了《中华人民共和国农业法》,从法律层面加强对化肥和农药使用的约束。1996年国务院出台了《国务院关于环境保护若干问题的决定》,明确要求要发展生态农业,控制农药、化肥、农膜等对农田和水源的污染。1998年党的十五届三中全会通过《中共中央关于农业和农村工作若干重大问题的决定》,强调要控制工业、生活及农业不合理使用化肥、农药、农膜对土地和水资源造成的污染。

为了遏制乡镇企业污染问题,防止城市的工业"三废"向农村转移,《国务院关于环境保护若干问题的决定》提出要加强对乡镇企业环境管理。要全面规划、合理布局、分类指导,因地制宜地发展少污染和无污染的产业,并与村镇建设相结合,相对集中建设乡镇企业,大幅度提高乡镇企业处理污染能力,从根本上扭转乡镇企业对环境污染和生态破坏加剧的状况。1996年10月,第八届全国人民代表大会常务委员会第二十二次会议通过了《中华人民共和国乡镇企业法》,从法律层面限制乡镇企业的污染行为,提出积极发展无污染、少污染和低资源消耗的乡镇企业,切实防治环境污染和生态破坏。为贯彻执行1996年新修订的《中华人民共和国水污染防治法》,防止乡镇企业对生活饮用水源等水域的污染,1997年中央出台了《关于加强乡镇企业环境保护工作的规定》,特别指出要加强对生活饮用水源和灌溉、养殖等水域的保护。在这一阶段,我国政府首次就改善农村生活环境问题出台政策,1993年国务院颁布了《村庄和集镇规划建设管理条例》,要求制定村庄、集镇总体规划,维护村容镇貌和保持环境卫生,保护和改善生态环境,防治污染和其他公害,加强绿化和村容镇貌、环境卫生建设。这标志着农村生活环境治理被提上日程。

1992年,在联合国环境与发展大会后两个月,我国制定了《中国关于环境与发展问题的十大对策》,提出要大力推广生态农业,积极发展环境保护事业。随后,在1994年我国又制定了《中国21世纪议程——中国21世纪人口、环境和发展白皮书》,并把加强农村生态环境保护、资源可持续利用等列为重要的行动目标,积极推动农业和农村可持续发展。

1995年,农村环境被首次纳入到《中国环境状况公报》的统计中,统计结果指出,环境污染呈现由城市向农村急剧蔓延的趋势,全国三分之二的河流和1000多万公顷农田被污染。在此形势下,《中华人民共和国国民经济和社会发展第九个五年计划(1996—2000年)》要求控制人口增长、保护耕地资源和生态环境,实现农业和农村经济的可持续发展。1999年的《中国环境状况公报》则明确指出农村环境质量有所下降。1999年,原国家环境保护总局印发了我国第一个直接针对农村环境保护的文件《国家环境保护总局关于加强农村生态环境保护工作的若干意见》,以期促进农村地区生态环境质量的改善,其中明确提出加强面源污染防治,改善水体和大气环境质量,并指出禁烧区全面停止秸秆露天焚烧。随后全国各地相继出台了农业环境保护条例。1997年,国务院发布

了《农业管理条例》。1999年原国家环保总局联合其他部委发布了《秸秆禁烧和综合利用管理办法》，2001年颁布了《畜禽养殖业污染物排放标准》。

这一时期，我国农村环境保护管理体制不断完善。在1994年的国务院机构调整中，明确提出"农业环境保护"的概念，并将相应的工作划归给原农业部管辖。1996年，国务院将农业环境保护中有关农村生态环境保护的职能赋予原国家环境保护局行使。1998年，国务院机构改革，国家环保局升格为国家环保总局。国家环保总局成立农村处，专门负责农村环境保护工作。原农业部只保留了国家法律、行政法规规定及国务院机构改革方案中赋予的"农业环境保护"职能，环保能源司被撤销，其原有的相关职能被划入新组建的科技教育司，科技教育司成立资源环境处和农村能源处。需要特别指出的是，在这一阶段的机构调整中，原农业部和原国家环保总局关于农业环境保护的职能开始分离，农业环保机构的职能被分散和削弱。环境保护部门的职责，由原国家环境保护局"监督乡镇企业污染防治工作，指导生态农业建设工作"改变为国家环境保护总局"负责农村生态环境保护，指导全国生态示范区建设和生态农业建设"。

从总体上看，这一阶段中央对农村生态环境治理非常重视，试图寻求法律、政策、管理层面的治理对策，并首次出台专门针对农村环境保护的政策。这一阶段的农业环保政策突出表现为专注于农业面源污染防治、乡镇企业污染防治、美丽乡村建设等单个领域的行动，其主要目标是促进农业环境保护与经济发展相协调。采取的一系列措施与行动从农业范围扩大至农民生活领域，但其总体目标仍聚焦农业污染防治。这一阶段的治理工作虽然对减缓农村的污染起到了一定的作用，但是受农村污染源分散、监管难度大、政府污染治理的资金投入不足等因素的影响，我国农村的环境污染问题暂未得到根治。

### 表2-2　1990—2001年我国农村环境治理政策梳理

| 年份 | 政策名称 | 主要内容 |
|---|---|---|
| 1990年 | 《关于进一步加强环境保护工作的决定》 | 控制农药、化肥、农膜对环境的污染 |
| 1991年 | 《中华人民共和国水土保持法》 | 严格控制农药的使用 |
| 1993年 | 《中华人民共和国农业法》 | 进一步加强对化肥和农药使用的约束 |
| 1993年 | 《村庄和集镇规划建设管理条例》 | 要求建立村庄、集镇总体规划，维护村容镇貌和环境卫生，保护和改善生态环境，防治污染和其他公害，加强绿化和村容镇貌、环境卫生建设 |
| 1994年 | 《中国21世纪议程》 | 提出要加强农村生态环境保护、资源可持续利用，积极推动农业和农村可持续发展 |
| 1996年 | 《中华人民共和国国民经济和社会发展第九个五年计划（1996—2000年）》 | 控制人口增长，保护耕地资源和生态环境，实现农业和农村经济的可持续发展 |
| 1996年 | 《国务院关于环境保护若干问题的决定》 | 要发展生态农业，控制农药、化肥、农膜等对农田和水源的污染；加强对乡镇企业的环境管理 |
| 1996年 | 《国务院关于环境保护若干问题的决定》 | 加强对乡镇企业的环境管理 |
| 1996年 | 《中华人民共和国乡镇企业法》 | 积极发展无污染、少污染和低资源消耗的乡镇企业，切实防治环境污染和生态破坏 |
| 1997年 | 《关于加强乡镇企业环境保护工作的规定》 | 要加强对生活饮用水源和灌溉、养殖等水域的保护 |
| 1998年 | 《中共中央关于农业和农村工作若干重大问题的决定》 | 控制工业、生活及农业不合理使用化肥、农药、农膜对土地和水资源造成的污染 |
| 1999年 | 《国家环境保护总局关于加强农村生态环境保护工作的若干意见》 | 明确提出加强面源污染防治，改善水体和大气环境质量，并指出禁烧区全面停止秸秆露天焚烧 |
| 2001年 | 《畜禽养殖业污染物排放标准》 | 控制畜禽养殖污染，促进养殖业生产工艺和技术进步 |

# 第三节　加速阶段（2002—2012年）

## 一　农村环境治理阶段性特征

　　进入21世纪，我国农村经济的快速发展使得我国农村的环境问题逐渐呈现出点源污染和面源污染共存、生活污染与生产污染叠加、乡镇企业污染和城市转移污染相互交织的复杂特征。2001年，我国正式加入世界贸易组织，经济发展的市场化和国际化水平不断提高，乡镇企业呈现出产业集群化发展的特点。但同时我国也成为世界上最大的化肥、农药生产国和消费国。化肥生产和使用进入快速增长期。国家统计局数据显示，我国化肥施用量从2000年的4146万吨增加到2012年的5838.8万吨；农药使用量由2000年的128万吨增加到2012年的180.61万吨。然而，据原农业部的数据，我国化肥和农药的平均利用率仅有33%和35%，比发达国家低15%～30%。农药和化肥的大量使用，导致地力下降、农产品残留超标和农业面源污染，不仅影响农业生产安全和农产品质量安全，更给生态环境安全和人体健康带来严重的威胁。畜禽养殖业，尤其是规模化的畜禽养殖业成为农业面源污染的最大排放源，也是我国环境污染的重要来源。2007年《第一次全国污染源普查公报》显示，我国规模化畜禽养殖业化学需氧量（COD）、总氮和总磷排放量分别达到1268.2万吨、102.48万吨和16.04万吨，占农业源排放总量的95.8%、37.9%和56.3%，占全国主要污染物排放总量的41.9%、21.7%和37.9%。

## 二 农村环境治理政策行动

这一时期,农村环境治理进入加速阶段,主要表现为对农村环保资金及政策内容等方面的调整和改革。针对农村环保资金投入不足且投入主体责任不明确的情况,2008年中央财政设立农村环保专项资金,通过"以奖代补、以奖促治"等方式开展农村环境集中整治,提高地方治理农村环境的积极性。根据生态环境部公开的信息,国家投入的农村环境保护专项资金以逐年翻倍的速度增加,从2008年的5亿元增加到2012年的55亿元。

这一时期,国家出台了一系列重要文件(表2-3)。2000年,原农业部发布了《肥料登记管理办法》。2001年,原国家环保总局发布了《畜禽养殖业污染防治管理办法》。2001年,国务院批准的《国家环境保护"十五"计划》中明确将控制农业面源污染、农村生活污染和改善农村环境质量作为农村环境保护的重要任务。2002年修订的《中华人民共和国农业法》提出要保护农业生态环境。2005年,十六届五中全会首次提出建设社会主义新农村,强调要加强农村生产和生活环境保护。2006年,中央一号文件《中共中央　国务院关于推进社会主义新农村建设的若干意见》指出,要加大力度防治农业面源污染,搞好农村污水、垃圾治理,改善农村环境卫生。为有效控制农村环境污染,进一步推进农村环境保护工作,2006年,国家环保总局印发了《国家农村小康环保行动计划》,促进农村环境问题改善。2007年,国务院办公厅印发了《关于加强农村环境保护工作的意见》,提出把农村环境保护摆上更加重要和突出的位置,推动农村生态文明建设。2007年,中央一号文件《关于积极发展现代农业扎实推进社会主义新农村建设的若干意见》指出,要推进人畜粪便、农作物秸秆、生活垃圾和污水的综合治理和转化利用。加强农村环境保护,减

少农业面源污染。2012年，全国开展了耕地保护、农村饮水安全、农村河道综合整治、农村改厕项目、全国畜禽养殖业专项执法督察和农业面源污染防治等工作，尤其是畜禽养殖废弃物处理和资源化、农村土壤污染治理和修复等。

这一时期，农业农村环境保护机构的职能得到进一步加强。2008年，原国家环境保护总局升格为原环境保护部，正式成为国务院组成部门。农业农村环境管理工作主要由原环境保护部自然生态保护司和原农业部科技教育司负责。原农业部科教司的职责范围主要涉及农业科学技术推广和培训、农业生态保护及农村可再生能源等。关于农村环境保护的职责，从原国家环境保护总局"负责农村生态环境保护，指导全国生态示范区建设和生态农业建设"修订为原环境保护部"组织指导城镇和农村的环境综合整治工作，协调指导农村生态环境保护"。简而言之，由"负责"修订为"组织指导"，由"指导"修订为"协调指导"。在农村环境保护工作上，有一部分职责回到了农业部门。

在这一阶段，国家提出树立和落实可持续发展观，大量关于农村环境保护的法规、政策及标准得以建立健全。具体而言，为应对农村环境问题的复杂性及系统性，农村环境整治工作的内容和范围提档升级，整治内容从局部到综合，即由水环境、土壤等单要素向社会、经济和环境多要素的综合整治转型，向涉及农村环境卫生、农业可持续生产及群众卫生行为和习惯等多领域推进；整治范围做到连片，即由某区域示范点扩至连片整治和整村推进。虽然这些法律法规和政策规定对于遏制农业环境污染发挥了十分重要的作用，但是这一时期的环境保护工作仍滞后于经济发展，农业农村环境问题此起彼伏，面源污染问题仍亟待解决。

表2-3　2000—2010年我国农村环境治理政策梳理

| 年份 | 政策名称 | 主要内容 |
| --- | --- | --- |
| 2000年 | 《肥料登记管理办法》 | 加强肥料管理,保护生态环境 |
| 2001年 | 《畜禽养殖业污染防治管理办法》 | 控制畜禽养殖污染排放 |
| 2001年 | 《国家环境保护"十五"计划》 | 将控制农业面源污染、农村生活污染和改善农村环境质量作为农村环境保护的重要任务 |
| 2002年 | 《中华人民共和国农业法》 | 保护农业生态环境 |
| 2006年 | 《中共中央　国务院关于推进社会主义新农村建设的若干意见》 | 加大力度防治农业面源污染,搞好农村污水、垃圾治理,改善农村环境卫生 |
| 2006年 | 《国家农村小康环保行动计划》 | 提出农村环保资金投入以"中央财政投入为主,地方配套,村民自愿,鼓励社会各方参与"为基本原则 |
| 2007年 | 《关于加强农村环境保护工作的意见》 | 加强农村环保工作 |
| 2007年 | 《关于积极发展现代农业扎实推进社会主义新农村建设的若干意见》 | 加强农村环境保护,减少农业面源污染 |
| 2010年 | 《全国农村环境连片整治工作指南(试行)》 | 指导解决突出的农村环境问题,推进社会主义新农村建设 |

▶ 第四节　全面提升阶段(2013—2022年)

一 农村环境治理阶段性特征

　　这一时期,党的十八大将生态文明建设纳入中国特色社会主义事业"五位一体"总体布局,推进生态文明体制改革,对于社会经济发展和环境保护具有里程碑式的重要意义,为从根本上解决农业农村环境问题明确了指导思想和大政方略。治理农业面源污染已经达成了广泛的社会

共识,农业发展已经进入到以绿色发展加快产业转型升级的新阶段。公众对环境问题的关注达到前所未有的高度,加强环境保护成为全民的共识。另一方面,不断强化的环保行动虽然使农村环境得到了明显改善,但部分强制性的环保行动如禁种、畜禽禁养、秸秆禁烧等,也引起了一定程度的社会争议。如何在更高的层面上将环保和农民利益结合起来,如何使农民成为环保的真正受益主体,也成为这一阶段值得关注的问题。

## 二 农村环境治理政策行动

党的十八大以来,生态文明建设已经融入社会经济发展的方方面面,加强农村环境保护也是大势所趋,一系列政策出台(表2–4)。2013年,中央一号文件提出关于推进农村生态文明建设、建设美丽乡村的要求,同年,原农业部出台了《关于开展"美丽乡村"创建活动的意见》。2014年修订的《中华人民共和国环境保护法》在农业污染源的监测预警、农村环境综合整治、防治农业面源污染和财政预算中安排农村环保资金等方面做出规定,为深化农业农村环境保护奠定扎实的基础;同年,国务院出台了《关于改善农村人居环境的指导意见》。2015年,中央一号文件明确提出农业生态治理和全面推进农村人居环境整治,同年4月,原农业部发布的《关于打好农业面源污染防治攻坚战的实施意见》提出了"一控两减三基本"的目标;11月,住房和城乡建设部等部门发布了《关于全面推进农村垃圾治理的指导意见》。2017年,原环境保护部、财政部联合印发《全国农村环境综合整治"十三五"规划》。2018年,中共中央办公厅、国务院办公厅印发了《农村人居环境整治三年行动方案》,成为农村人居环境整治三年行动总纲领。2018年11月,生态环境部、农业农村部印发《农业农村污染治理攻坚战行动计划》的通知,明确了农业农村污染治理的总体要求、行动目标、主要任务和保障措施,对农业农村污染治理攻坚战做出部署。2019年11月,农业农村部办公厅、国务院扶贫办综合司、生态环境部办公厅、住房和城乡建设部办公厅、国家卫生健康委办公厅发布《关于扎实有序推进贫困地区农村人居环境整治的通知》,明确贫困地区要以决战决胜脱贫攻坚为中心任务,实现农村人居环境干净整洁的基本目标。2020年2月,生态环境部办公厅颁布《关于加快推进农业农村生态环境重点工作的通知》,明确农业农村污染治理相关目标任务。2020年3月,中央农办、农业农村部发布关于印发《2020年农村人居环境整治工作要点》的函,对各地区、各部门结合实际认真贯彻落实、确保按时保质完成农村人居环境整治三年行动方案目标任务提出要求。2020年3月,农业农村部、国家发展和改革委员会、财政部、生态环境部、住房和城乡建设部、国家卫生健康委员会发布《关于抓好大检查发现问题整改扎实推进农村人居环境整治的通知》。2021年1月,国家市场监管总局、生态环境部、住房和城乡建设部、水利部、农业农村部、国家卫生健康委员会、国家林业和草原局共同发布《关于推动农村人居环境标准体系建设的指导意见》,旨在发挥标准在推进农村人居环境整治中的引领、指导、规范和保障作用。2021年6月,住房和城乡建设部、农业农村部、国家乡村振兴局发布《关于加快农房和村庄建设现代化的指导意见》,对农村供水、农村生活污水处理、农村生活垃圾分类等给予指导。2021年,中共中央办公厅、国务院办公厅进一步印发《农村人居环境整治提升五年行动方案(2021—2025年)》。2022年,中共中央办公厅、国务院办公厅印发《乡村建设行动实施方案》,进一步强调了实施农村人居环境整治提升五年行动。

　　在2018年的机构改革中,国务院将中央农村工作领导小组办公室的职责,原农业部的职责,以及国家发展和改革委员会的农业投资项目、财政部的农业综合开发项目、原国土资源部的农田整治项目、水利部的农田水利建设项目等的管理职责进行整合,组建了农业农村部,并设中央农村工作领导小组办公室。这次机构改革强化了农业部门的职能,有利于加强党对"三农"工作的集中统一领导,坚持农业农村优先发展,统筹实施乡村振兴战略,推动农业全面升级、农村全面进步、农民全面发展,加快实现农业农村现代化。而将原农业部的监督指导农业面源污染治理的职能划给新组建的生态环境部,使农业面源污染由"农业干、农业管"到"农业干、环保管",有利于明确职责分工,提高农业农村污染防治效果。

总之,该阶段农村环境治理专项政策最为集中,标志着我国进入了农业农村环境保护的全面深化时期。同时,政策将环境污染防治与农业、农民等密切结合,从农村环境综合整治的顶层设计到农村饮用水源、生活垃圾及污水、畜禽养殖污染和农药化肥等细分领域的政策配套。在发展理念上,农业生产从过去单一的高产目标转向绿色发展的综合目标,走向生产、生活与生态协调发展之路,以绿色发展引领乡村振兴成为农村环境保护的主旋律。

表2-4　2013—2022年我国农村环境治理政策梳理

| 年份 | 政策名称 | 主要内容 |
| --- | --- | --- |
| 2013年 | 《关于加快发展现代农业进一步增强农村发展活力的若干意见》 | 提出关于推进农村生态文明建设、建设美丽乡村的要求 |
| 2013年 | 《关于开展"美丽乡村"创建活动的意见》 | 推进农村生态文明建设,建设美丽乡村 |
| 2014年 | 《中华人民共和国环境保护法》 | 在农业污染源监测、农村环境综合整治、农药化肥污染防治、畜禽养殖污染防治及农村生活污染防治等方面做出了较全面的规定 |
| 2014年 | 《关于改善农村人居环境的指导意见》 | 加快农村人居环境整治提升 |

续表

| 年份 | 政策名称 | 主要内容 |
|---|---|---|
| 2015年 | 《关于加大改革创新力度加快农业现代化建设的若干意见》 | 全面推进农业生态治理和农村人居环境整治工作 |
| 2015年 | 《关于打好农业面源污染防治攻坚战的实施意见》 | 提出了"一控两减三基本"的目标 |
| 2015年 | 《关于全面推进农村垃圾治理的指导意见》 | 推进农村生活垃圾治理 |
| 2017年 | 《全国农村环境综合整治"十三五"规划》 | 加强农村环境整治工作 |
| 2018年 | 《农村人居环境整治三年行动方案》 | 改善农村人居环境,建设美丽宜居乡村 |
| 2018年 | 《农业农村污染治理攻坚战行动计划》 | 明确农业农村污染治理的总体要求、行动目标、主要任务和保障措施,对农业农村污染治理攻坚战做出部署 |
| 2019年 | 《关于扎实有序推进贫困地区农村人居环境整治的通知》 | 明确贫困地区要以决战决胜脱贫攻坚为中心任务,实现农村人居环境干净整洁的基本目标 |
| 2020年 | 《关于加快推进农业农村生态环境重点工作的通知》 | 明确农业农村污染治理相关目标任务 |
| 2020年 | 《2020年农村人居环境整治工作要点》 | 对各地区、各部门结合实际认真贯彻落实、确保按时保质完成《农村人居环境整治三年行动方案》的目标任务提出要求 |
| 2020年 | 《关于抓好大检查发现问题整改扎实推进农村人居环境整治的通知》 | 抓好问题整改,扎实推进农村人居环境整治工作 |
| 2021年 | 《关于推动农村人居环境标准体系建设的指导意见》 | 明确了五大方面、三个层级的农村人居环境标准体系框架,确定了标准体系建设、标准实施推广等重点任务,提出了运行机制、工作保障、技术支持、标准化服务等四个方面的保障措施 |
| 2021年 | 《关于加快农房和村庄建设现代化的指导意见》 | 对农村供水、农村生活污水处理、农村生活垃圾分类等给予指导 |
| 2021年 | 《农村人居环境整治提升五年行动方案(2021—2025年)》 | 加快农村人居环境整治提升 |
| 2022年 | 《乡村建设行动实施方案》 | 进一步强调实施农村人居环境整治提升五年行动 |

## 第三章　新农村人居环境治理主要任务

**第一节　推进农村生活垃圾治理**

农村生活垃圾问题是农村污染的重要来源和治理难点。目前农村生活垃圾治理的普遍做法是"村收集、镇运转、县处理",取得了一定的效果。但由于农村经济发展水平和管理措施不到位等多种因素的限制,农村生活垃圾处理能力远远不足,没有经过妥善处理的农村生活垃圾,已经成为我国农村环境污染的主要来源之一,严重破坏了农村生态环境、制约农村生产发展、影响群众生活水平、威胁农村居民的身体健康,严重阻碍了我国建设"美丽乡村"的进程。据统计,截至2020年,全国近四分之一的农村生活垃圾还没有得到有效收集和处理,农村生活垃圾治理问题任重道远。

### 一　农村生活垃圾及其危害

#### 1. 农村生活垃圾的定义和分类

垃圾又被称为固体废物。《中华人民共和国固体废物污染环境防治法》(2020年修订)中指出,固体废物是指在生产、生活和其他活动中产生的丧失原有利用价值,或者虽未丧失利用价值但被抛弃或者放弃的固态、半固态和置于容器中的气态物品、物质,以及法律法规规定纳入固体废物管理的物品、物质。根据固体废物的产生来源,可将其分为工业固体废物、农业固体废物和生活垃圾等。垃圾并不全是废物,常被看作是"放错地点的原料",具有废物和资源的双重特性。一方面,垃圾是重要的环境污染和疾病传播的源头;另一方面,经过处理的垃圾又可以转化成资源,所以无害化处理和资源化利用是垃圾处置的两条基本路径。本书中的垃圾是指农村生活垃圾,主要来源于农村地区居民的日常生产生活活动。安徽省住房和城乡建设厅分别于2020年4月和2022年5月出台了《安徽省农村生活垃圾治理技术指南》和《安徽省农村生活垃圾分类操作指南(试行)》(以下简称《分类操作指南》)。这两份文件给出了农村生活垃圾的详细定义,即在农村日常生活中或者为农村日常生活提供服务的活动中产生的固体废物及法律、行政法规规定的视为生活垃圾的固体废物,不包括农村生产垃圾、农村工业垃圾、建筑垃圾、医疗垃圾、园林垃圾等其他垃圾。

根据《分类操作指南》,安徽省农村生活垃圾分为可回收物、有害垃圾、厨余垃圾及其他垃圾。其中,可回收物是指未经污染且适宜回收、循环使用和资源利用的固体废物,主要包括废纸、废塑料容器、废金属、废玻璃容器、废旧纺织物、废包装物、废弃家用电器等。有害垃圾是指农村生活垃圾中对人体健康或自然环境造成直接或潜在危害的物质,包括弃置废电池(镉镍电池、氧化汞电池、铅蓄电池等)、废荧光灯管(日光灯管、节能灯等)、废油漆、废温度计、废血压计、弃置药品及药具、家用化学品等。厨余垃圾是指易腐烂的、含有有机质的生活垃圾,包括家庭厨余垃圾、餐厨垃圾和其他厨余垃圾等。厨余垃圾可具体细分为居民家庭日常生活中产生的烂帮菜叶、瓜果皮壳、剩菜剩饭、废弃食物等;乡村酒店、农家乐(民宿)、餐饮店、食品加工厂(作坊)、单位食堂等集中供餐单位在食品加工、饮食服务等活动中产生的食物残渣、食品加工废料和废弃食用

油脂等;农贸市场、农产品批发市场、集市、超市等产生的蔬菜瓜果垃圾、腐肉、肉碎骨、水产品及畜禽产品内脏等易腐垃圾。其他垃圾则是生活垃圾中除可回收物、有害垃圾、厨余垃圾之外的垃圾。

### 2. 农村生活垃圾的特征

近年来,随着城镇化进程的不断加快,农村生活垃圾产生量日益增多,种类和组成成分越来越复杂。农村生活垃圾与城市生活垃圾相比,既具有相似性,又具有特殊性,其特征主要表现在以下三个方面:

(1)农村生活垃圾的产生量增多、危害性增强。我国广大农村地区的生活垃圾组成成分复杂,受到自然环境、民族习性、生活习惯、能源结构、经济发展水平等多种因素的影响。近年来,随着广大农村地区经济的迅速发展,农村地区人们的生活习惯和消费水平也发生了较大的变化。农村生活垃圾产生量与日俱增,垃圾组分也由简单化和无害化向复杂化和有害化转变,危害性日益增强。过去,农村生活垃圾以日常庭院清扫垃圾和厨余垃圾为主,但是随着农村地区的建设和发展,越来越多的化工制品进入农村,大量的塑料制品、化工制品等有害垃圾,以及可回收的废电池、废旧手机、废旧电脑等电子垃圾排放量迅速增加,生活垃圾排放呈现复杂化和高污染化的特征,为农村环境治理增加压力。《全国农村环境污染防治规划纲要(2007—2020年)》指出我国农村每年生活垃圾的产生量约为2.8亿吨,且处理率不高,生活垃圾已成为农村环境污染的主要因素之一。

(2)农村生活垃圾的分布分散、收运不便。农村地区村庄分布和人口居住较为分散,间隔较远,导致农村生活垃圾分布不集中,收运距离是城市的几倍以上,加上农村交通不便,生活垃圾收运相对困难。

(3)产生量受区域差异和季节影响较大。我国农村垃圾产生量总体上呈现北方高于南方、东部高于西部的特点,北方和东部经济较发达地区产生量最高,西南和西北经济欠发达地区产生量最低,这主要是受各地社会经济发展水平、燃料结构、生活习惯等因素的影响。此外,农村生活垃圾还会随着季节的变化而变化,一年中垃圾排放量总体呈夏秋季节高、冬春季节少的特征。

### 3. 农村生活垃圾的危害

(1)农村生活垃圾对水体的危害。生活垃圾随大气降水和地表径流进入河流、湖泊、水库等,进而污染地表水。生活垃圾中的有机物,在发酵分解过程中会产生大量的渗滤液,渗滤液中含有大量的重金属、有机物和病原微生物等污染物。渗滤液随着雨水流入周围地表水,造成地表水污染;渗滤液经过土壤进入地下水,进而污染地下水体。

(2)农村生活垃圾对大气的危害。生活垃圾对大气的危害主要通过三个途径产生。一是垃圾中的细颗粒物质和粉尘随风进入大气,影响大气环境质量。二是生活垃圾在生物化学降解过程中会释放大量的有害气体、易燃气体等,造成大气污染,甚至引发火灾、爆炸等安全事故。三是通过焚烧会使烟雾进入大气,造成大气污染。

(3)农村生活垃圾对土壤的危害。一方面,生活垃圾堆放和处置侵占大量的土地资源;另一方面,垃圾渗滤液中的有害物质进入土壤后,会在土壤中累积,污染土壤,危害农作物,甚至通过食物链进入食品中,威胁人体健康。

(4)农村生活垃圾对人体健康的危害。生活垃圾中的有害垃圾,在堆弃或处置不当时,其中的有害物质可以通过大气、地表和地下水体、土壤等环境介质进入人体,威胁人体健康。人畜粪便和生活垃圾更是各种病原微生物的滋生地和繁殖场,能形成病原体型污染,危害人体健康。

### 4. 农村生活垃圾的处理方式

农村生活垃圾的处理方式主要包括卫生填埋、焚烧和堆肥等,此外

还包括目前比较先进的生物处理、能源转化处理等。

（1）卫生填埋。卫生填埋是采用防渗、摊铺、压实、覆盖等方式对生活垃圾进行处理和对填埋气、垃圾渗滤液、蝇虫等进行治理的方法，主要处置对象是生活垃圾和一般工业固废。在有适当的土地资源可利用的情况下，一般以此法处理垃圾最为经济。与其他处理方法相比，卫生填埋处理一次性投资较低，生活垃圾不需要进行分类收集，生活垃圾在填埋场填埋若干年后即可形成矿化垃圾，可以开采和利用。但此法的缺点也显而易见，卫生填埋法需要侵占大量的土地，填埋过程中产生的填埋气体和渗滤液容易造成二次污染，给大气、地下水和土壤安全带来风险。目前，许多发达国家已经禁止对垃圾进行填埋处理。

（2）焚烧。焚烧法一般是指将垃圾作为固体燃料送入焚烧炉中，在高温条件下（一般为900℃左右，炉心最高温度可达1100℃），垃圾中的可燃成分与空气中的氧气进行剧烈的化学反应，废物中的有毒有害物质在高温下氧化、热解而被破坏，燃烧产生的热量可用于供热或发电，产生的废渣作建材使用，可同时实现废物的无害化、减量化、资源化。这种方法适宜用来处理有机成分多、热值高的废物。垃圾焚烧后，体积可减少85%～95%，质量可减少20%～80%。高温焚烧可以消除垃圾中的病原体和有害物质，从而实现垃圾的无害化。焚烧法具有处理周期短、占地面积小、选址灵活等特点。焚烧法能以最快的速度实现垃圾处理的无害化、减量化和资源化。目前，这种方法在发达国家已被广泛采用。但是焚烧法对垃圾的热值有一定要求，建设成本和运行成本相对较高，对管理水平和设备维修要求较高，此外，焚烧产生的废气若处理不当，很容易对环境造成二次污染。

（3）堆肥。堆肥是指在人工控制条件下，利用自然界中广泛分布的细菌、放线菌、真菌等微生物，通过人为的控制和调节，促进可生物降解的有机物向稳定的腐殖质转化的生物化学过程。堆肥是一种深褐色、质地疏松、有泥土气味的物质,类似于腐殖质土壤,故也称为"腐殖土",是一种具有一定肥效的土壤改良剂和调节剂。堆肥处理可将生活垃圾无害化,将大量有机固废转换成有用的物质和能源,可减重、减容约50%,可促进自然界物质循环与人类社会物质循环统一,把垃圾中的组分尽快重新纳入自然循环中。

(4)其他先进技术处理方式。除上述三种常见的生活垃圾处理方式外,目前还有比较先进的生物处理、能源转化处理等先进技术处理方式。如利用蚯蚓将生活垃圾转化为优质肥料,并获得蚯蚓蛋白饲料的蚯蚓堆肥技术;糖化、蛋白化和乙醇化技术;将有机废弃物转化为食用菌栽培基质并形成担子菌发酵饲料的饲料化技术;有机垃圾制氢技术等。

## 二 农村生活垃圾治理现状

近年来,随着经济的发展和城乡统筹工作的推进,我国农村生活垃圾治理发展迅速,农村环境状况有了明显改善,农村人居环境质量显著提升。但是,和城市生活垃圾治理相比,农村地区生活垃圾的治理现状仍存在一些问题,主要表现在以下四个方面。

### 1. 居民环境保护意识薄弱,参与积极性不高

现阶段,虽然农村居民的生活水平和生活质量显著提高,但是随着乡村社会主体的空心化和老龄化,农村中的常住群体以老弱妇孺为主,缺乏先进的环保理念和垃圾分类的积极性,对生活垃圾的认识依旧比较传统,垃圾分类、资源化利用、环境保护的意识不强。因此,居民在生活垃圾处理过程中的参与意愿不足、参与度不高,主体作用未得到充分发挥。

### 2. 垃圾分类问题突出

目前,农村生活垃圾分类和资源化利用已经在多个地区推广和应用。垃圾投放点虽然设置分类垃圾箱,但村民受到年龄和文化程度的影响对垃圾类别划分缺乏充分了解,垃圾分类意识淡薄,在实际操作中存在群众参与度不高、分类混乱的情况。在垃圾回收环节,缺乏有效合理的管理模式,垃圾分类得不到较好的执行。垃圾管理仅停留在末端治理阶段,前端收集和分类工作落实不到位。

### 3. 基础设施不足,垃圾清运及处置能力不强

农村居民居住分散,垃圾收运设施运行成本较高,政府对农村生活垃圾治理的资金投入不足,导致大部分村庄用于生活垃圾收集和运输的基础设施不足。垃圾收集点的选址没能充分考虑当地实际,分布不均,进一步影响了村民规范投放垃圾的积极性。垃圾收集后,部分村庄由于缺乏环卫设施,清运能力不强,很难做到日产日清,垃圾得不到及时、合理处置,造成环境污染和资源浪费。

### 4. 治理力度和治理体系不完善

目前,针对农村生活垃圾的管理手段较为单一,仍以政府为主体,市场手段不足。大部分村庄生活垃圾管理监督体系不完善,环卫工人待遇不高、年龄偏大,人员流失频繁,很难高效完成大量的生活垃圾转运和处理任务。在农村生活垃圾的处理工作中,应结合实际情况,建立健全管护机制,共同监督管理和维护基础设施。

## （三）农村生活垃圾治理路径

### 1. 加强多元宣传,提升村民环保意识

农村生活垃圾的治理离不开农村居民的积极参与。环保宣传教育是提升村民环保意识的有效途径,也是落实生活垃圾治理方案的关键所

在。发挥基层党组织的组织动员能力,充分运用先进的互联网技术,采用线上线下相结合、宏观微观相结合的方法,通过各种渠道和各大平台加大环境保护和生活垃圾治理的宣传力度,让村民了解农村环境治理的重要性,提高村民的环保意识和参与意愿。开展形式多样的线下活动,营造浓厚的环保氛围,通过集体决策制定垃圾分类奖罚制度,鼓励村民实行垃圾分类,调动村民参加环境保护的积极性和主动性。

### 2. 因地制宜,推进生活垃圾分类提质增效

垃圾分类是我国城乡地区应对日益增长的生活垃圾的主要办法,推行垃圾分类是减少环境污染、提高资源利用率的有效途径。垃圾分类不仅要充分发动和依靠群众,提高群众参与的积极性和主动性,更要因地制宜,推行符合当地实际情况、符合农民生活习惯的分类机制,简化垃圾分类标准,增加实操性。例如,长期以来,在大部分农村地区,厨余垃圾一直作为家禽饲料、堆肥原料自我消纳,所以在分类处理时,厨余垃圾可以因地制宜,就地集中回收,以堆肥或制成畜禽饲料的方式在当地完成资源化利用。这样一方面可以实现资源的回收利用,大大减少生活垃圾产生量;另一方面可以减轻二次运输压力。

### 3. 完善配套措施,实现垃圾治理全覆盖

农村环境治理工作中基础设施建设薄弱是农村生活垃圾问题长期得不到解决的重要因素之一。垃圾治理过程中的基础设施修建和清运处置需要大量的资金和技术投入,因此,依托市场化机制,拓展多元化的资金获取渠道,完善基础设施,实现垃圾治理全覆盖是解决生活垃圾治理问题的重要途径。

### 4. 健全收运机制,完善治理体系

统筹农村生活垃圾收运设施布局,健全环卫保洁队伍,完善环卫设施,建立长效机制,强化考核督办是健全生活垃圾收运机制、提高收运能

力、提升乡村治理水平的有效途径。通过发挥法律保障、道德约束和自愿合作的作用,建立健全法治、德治、自治相结合的农村生活垃圾治理体系是实现生活垃圾有效治理的重要手段。

### (四)长丰县"城乡环卫一体化"治理

自2017年起,安徽省合肥市长丰县推行"城乡环卫一体化"工程,县域农村生活垃圾治理水平不断提升,建立健全了"户集中、村收集、乡镇转运、县处理"的垃圾收运处置体系。通过不断探索和完善,长丰县农村生活垃圾治理取得了阶段性成效,形成了"全域化、标准化、专业化、机械化、市场化"的城乡环卫一体化模式,县域15个乡镇(区)全部实现市场化。2020年,长丰县被评为"全国农村生活垃圾分类及资源化利用示范县"。2022年,合肥市农村生活垃圾治理工作推进会在长丰县庄墓镇召开。长丰县的探索和实践为持续推进农村人居环境整治、提升农村环境卫生工作打下坚实基础。

第一,精准施策,创新推进垃圾分类。2017年,长丰县启动生活垃圾分类试点工作,自主创新设计垃圾中转亭、家用分类垃圾桶,并率先创办"垃圾兑换超市"。鼓励群众把一些可回收物品、有毒有害物品分类收集后到"垃圾兑换超市"兑换一些生活必需品,通过这种形式鼓励群众养成垃圾分类的好习惯。随后,长丰县各乡镇陆续开展生活垃圾分类及资源化利用工作。截至2022年9月,全县共有82个市级生活垃圾分类试点村,共设有垃圾兑换超市267个,建立垃圾分类中转亭470座。同时,长丰县坚持因地制宜、操作简易的原则,创新生活垃圾分类"234"工作法,即农村按照"可回收和其他垃圾"设置二分类收集点,公共场所和机关单位按照"可回收、其他垃圾、有毒有害"设置三分类收集点,城镇小区按照"可回收、厨余垃圾、有毒有害、其他垃圾"设置四分类集中收集点,并从

2021年开始将垃圾减量化工作纳入城乡环卫年终考核,倒逼乡镇(区)开展垃圾分类,实行源头减量,不断把生活垃圾分类工作向纵深推进。

第二,提档升级,推进生活垃圾"绿色焚烧"发电。垃圾焚烧发电是实现垃圾无害化、减量化、资源化的重要形式,可以有效减少对土地资源的占用,是破解垃圾围城危机的重要手段。为有效控制生活垃圾对环境的污染,长丰县积极推进城乡垃圾无害化处理,投资建成合肥长丰皖能环保电力有限公司,通过焚烧发电,让垃圾变废为宝,告别填埋,实现农村生活垃圾无害化处理由卫生填埋向"绿色焚烧"发电转变。合肥长丰皖能环保电力有限公司自2017年投产后,以焚烧发电的方式对生活垃圾进行无害化处理,日处理能力达到1000吨,年运行8000小时以上,环保指标达标优良。同时,长丰县建有多座垃圾转运站,日垃圾转运能力达610余吨。充足的垃圾收转运能力和完善的终端处理设施可确保全县垃圾"日产日清",无害化处理率达100%。此外,长丰县现有一个日处理能力3吨的厨余垃圾处置中心,并正在谋划建设"100吨+100吨"的餐饮及厨余垃圾处置项目,积极推进餐饮垃圾分类收集、分类转运工作。

第三,共建共创、探索长效管护机制。长丰县通过完善城乡环卫一体化督察考核评价制度、压实网格化责任体系、加大资金投入力度等方式推进形成垃圾治理长效机制。首先,推进城乡环卫一体化考核由部门打分转变为综合测评,保证考核的公平公正。2019年,长丰县印发《长丰县城乡环卫一体化工程2019—2020年实施意见》,将城乡环卫一体化工作纳入县年度目标管理考核内容,通过第三方测评、问题回访、暗访督查等方式,每月进行排名和通报,第三方测评公司定期对整改后的情况进行回访,年终进行综合考核评价。其次,推进城乡环卫一体化工程,健全网格化责任体系,压实责任。2017年,长丰县委、县政府印发《长丰县城乡环卫一体化工程实施意见(试行)》,成立全县城乡环卫一体化工程指

挥部,指挥部成员由县直有关部门主要负责人和各乡镇(区)党(工)委书记组成。指挥部办公室设在县城管局,负责调度、督导、考核和日常管理等工作。各乡镇(区)作为实施主体,也成立相应的组织机构,形成一级抓一级、层层抓落实的网格化责任体系。此外,加大资金投入,实现全域市场化保洁。长丰县自2017年推动"城乡环卫一体化"治理以来,县财政每年拨付5450万元专项资金,采用县级专项资金与乡镇(区)资金配套补贴用于全县的农村生活垃圾治理工作。2018年,长丰县实现了城乡环卫全域市场化,截至2022年9月,共有14家环卫企业参与市场化服务,2022年垃圾转运及保洁服务的合同金额预计约2.12亿元,人均城乡环卫投入267元。

长丰县以"城乡环卫一体化"工程为载体,不断提升生活垃圾治理水平,实现了农村生活垃圾综合治理的"四个转变",即推进"城乡环卫一体化"由局部市场化向全域市场化转变,推进农村生活垃圾无害化处理由卫生填埋向焚烧发电转变,推进"城乡环卫一体化"考核由部门打分向综合测评转变,生活垃圾分类及资源化利用由试点向全域推行转变。

## ▶ 第二节　开展厕所粪污治理

农村厕所粪污治理对于改善农村人居环境、控制疾病发生和传播、增强农村居民健康生活意识、提升乡村文明程度均具有重要意义,关系到广大农村居民的身体健康和生活品质,是乡村振兴和生态文明建设的重中之重。厕所粪污的无害化处理和资源化利用是当前厕所粪污治理的关键。近年来,政府积极推动厕所改建运动,出台了一系列政策推进农村"厕所革命",提升乡村地区的卫生水平和人居环境质量。2018年,中央一号文件《关于实施乡村振兴战略的意见》中提出，要坚持不懈地推进"厕所革命"，大力开展农村用户卫生厕所建设和改造，同步实施厕所粪污治理。2018年，中共中央办公厅、国务院办公厅印发《农村人居环境整治三年行动方案》，将厕所粪污治理作为重点任务之一，并且鼓励各地结合实际，将厕所粪污、畜禽养殖废弃物一并处理并进行资源化利用。2021年，中央一号文件中再次明确提出，要分类有序推进农村"厕所革命"。2021年，中共中央办公厅、国务院办公厅印发的《农村人居环境整治提升五年行动方案（2021—2025年）》将农村"厕所革命"作为首要重点任务。但是，当前我国农村无害化厕所水平普及率仍然较低，据《中国农村人居环境发展报告（2021）》统计，截至2020年年底，我国农村卫生厕所普及率约为68%，农村厕所粪污治理仍然是一项重要的民生工程。

## 一 农村厕所粪污概述

### 1. 厕所粪污的危害

农村厕所粪污含有丰富的有机物、氮、磷等养分，它们在作物增产提质、培肥地力等方面效果显著，是生产优质有机肥料的良好原料，合理利用厕所粪污能够实现生态效益、经济效益和社会效益的有机统一。但是厕所粪便中含有的病原微生物，是传播寄生虫病、肠道传染病的温床，如果处理不当，不仅会导致疾病传播，严重影响农民的身体健康，还会造成土壤和水体的污染，对农村人居环境和生态环境造成严重危害。2017年，原国家旅游局发布的《厕所革命推进报告》中指出，我国农村地区80%的传染病是由厕所粪便污染和饮水不卫生引起的，其中与粪便有关的传染病有30多种。据住建部统计，农村厕所污水占生活污水的比例不大，但污染程度占生活污水污染的90%。研究表明，农村厕所粪污治理对控制肠道传染病效果显著，可以有效解决农村主要污染源，解决农民最迫

切的需求。

### 2. 厕所粪污处理的重要意义

厕所改造和粪便的合理利用具有重要意义,主要体现在以下三个方面。

(1)减少卫生疾病的传播。根据原国家卫计委的统计,1993年,我国卫生厕所的普及率仅有7.5%,粪便无害化处理率只有13.5%,广大农村地区卫生环境状况堪忧,存在很多卫生安全隐患。《中国农村人居环境发展报告(2021)》的数据显示,截至2020年年底,我国农村卫生厕所普及率已经超过68%,2018年以来累计改造农村户厕4000多万户,一类地区无害化卫生厕所普及率超过95%,二类地区普及率超过85%。通过对厕所进行改造,对粪便进行无害化处理,病菌的繁殖和传播得到有效抑制,广大农村地区的环境卫生得到改善,农村居民肠道传染病患病率逐年下降,健康水平得到很大程度提升。

(2)改善农村人居环境。厕所粪污的不当处理不仅会带来卫生问题,还会造成土壤和水体的污染,对农村人居环境和生态环境造成严重危害。卫生厕所改建可以实现粪便的无害化处理,实现资源的合理利用,有效避免环境污染,改善农村卫生环境。

(3)完善农村公共服务供给。城乡之间的公共服务供给不平衡一直是制约我国农村发展的重要因素。农村厕所粪污处理项目作为一项重要的公共卫生服务项目,受到城乡地区经济发展差异和公共服务供给不平衡等因素的制约。推进农村厕所粪污处理可以有效促进农村公共卫生服务供给体系的进一步完善,提升农村居民的生活质量,缩小城乡差距。

### 3. 农村卫生厕所类型

根据全国爱国卫生运动委员会办公室2018年发布的《农村户厕卫生

规范》,当前,我国农村"厕所革命"推广使用的卫生户厕主要有六种类型,分别是三格化粪池式厕所、三联通沼气池式厕所、双瓮漏斗式厕所、粪尿分集式厕所、完整下水道式厕所和双坑交替式厕所。

三格化粪池式厕所由地上厕所、地下粪池和其他配套设施组成,地下粪池由三池两管构成,其利用厌氧发酵及生物拮抗等原理实现粪便无害化。在没有污水处理设施的地区,三格化粪池式厕所是最常见的一种卫生厕所类型,对粪污处理效果较好,粪液经过前两个粪池的处理基本可以杀灭有害病菌,第三格化粪池内的粪液可以直接还田。

三联通沼气池式厕所是将畜禽粪污、厕所粪污和沼气池连通起来,粪便在沼气池中经过厌氧发酵实现无害化,产生的沼气、沼液、沼渣可为居民提供能源与肥料。三联通沼气池式厕所一般适用于从事家庭养殖业或者大规模种植业的农户,可以充分利用畜禽粪便和农作物秸秆作为发酵原料。但是近年来三联通沼气池式厕所的使用率呈下降趋势,一方面是因为这种厕所占地面积大、技术复杂、造价高,另一方面主要是因为用于沼气池原料的作物秸秆还田率上升。除此之外,天然气管道逐渐普及,也是导致沼气池厕所的普及率呈下降趋势的原因之一。

双瓮漏斗式厕所主要包括厕所、前瓮、后瓮、过粪管及其他配件,厕所粪污在前瓮发酵沉淀后,中层粪液通过过粪管流入后瓮进行厌氧消化,以达到粪便无害化的目的。这种厕所结构简单、造价低、取材方便、制肥和卫生效果较好,适用于土壤层厚、降雨量中等水平的暖温带地域。

粪尿分集式厕所采用粪尿分离便器,将粪尿分开储存于储粪池和储尿桶,粪便加盖沙土、草木灰等材料干化处理。粪尿分集式厕所建造简单、造价低、不用水冲、粪尿容易处置,但使用不便,不适用于人口较多、覆盖材料不足的家庭。

完整下水道式厕所即水冲式厕所,只能在城市近郊污水管网覆盖的

地区或者有完整的污水排放设施且水资源供应充足的情况下推广使用，厕所与污水管网相连，粪尿统一处理。

双坑交替式厕所采用双坑交替使用，粪污在坑内厌氧发酵半年后可实现粪污无害化处理。双坑交替式厕所由普通的坑式厕所改建，由两个储粪池、两个便器组成，一个厕坑满后，密封堆肥，同时启用第二个厕坑，两个坑交替使用。双坑交替式厕所建造简单、管理方便、不用水冲，但占地面积较大、清掏困难，主要适用于干旱缺水地区。

## 二 农村厕所粪污治理现状

目前，我国农村厕所粪污治理已经取得了显著的成效，大部分地区都实现了卫生厕所的普及，农村生态环境和农民生活环境得到了改善，但厕所粪污处理也出现了新的困境。

### 1. 农民参与不足

在农村厕所改建过程中，农村居民参与不足是当前我国农村厕所改革的主要问题之一。在偏远的农村地区，经济发展水平较低，居民文化水平不高，卫生健康知识缺乏，受传统观念的影响对于厕所改造的理解和认识不够，加上缺乏有效的宣传方式和激励机制，导致文化程度不高、年龄偏大的农村居民对厕所改造不感兴趣，使得卫生厕所的推广和使用受到影响。农村地形复杂，村民居住分散，改厕工作难度大、耗时长，难以形成连片效应。同时，农村改厕成本偏高，改厕的补助资金较少，需要农民先投入部分资金，因此农户改厕积极性不高。

### 2. 改厕质量不达标

当前我国卫生厕所普及率虽显著提升，但卫生厕所的质量问题仍值得关注。对于不同地区适用卫生厕所的选择、设计和厕所建设工程的质量标准，如果没有做到严格把控，就会影响卫生厕所的普及效果及使用效率。当前改厕存在的主要质量问题包括卫生厕所使用维护不当,出现破损、配件缺失、功能受限等,部分卫生厕所的设计、施工、维护未按标准进行,导致在建卫生厕所不合格。很多地区在进行厕所改造时没有与当地的实际情况相结合,大都采取相同的改厕方式,没有做到因地制宜。不规范的改厕模式及方案的选择,不仅影响了改厕质量,还造成人力、物力、财力的极大浪费。此外,部分干部群众既不知政策,又不懂技术,参与厕所改造的技术指导人员技术水平参差不齐,也容易影响改厕质量。有些村庄的技术人员数量较少,厕所改造的部分工程由农户自行实施,导致改造后的厕所存在质量不达标和无害化处理效果不佳等问题。

### 3. 卫生厕所维护管理不到位

农村厕所粪污治理重"改"不重"治"的问题仍然存在,一味追求卫生厕所的数量和普及率,硬件设施完工后忽视了厕所粪污的无害化、资源化治理,缺乏厕所运行维护的技术支持,对于农村卫生厕所后续的运行管理、农村居民的宣传教育等方面没有健全的机制,不能够保障农村卫生厕所长期高效运行。尤其是在未建立污水管网的农村地区,大部分使用的是三格化粪池式简易水冲厕所,改厕后粪污治理没有纳入政府公共服务范围,从而出现"粪污满了无人掏"的现象,导致新建厕所被废弃。目前的粪污清掏工作主要由农户自行处理或由村级卫生员有偿服务处理。而且现在大部分地区还没有专业的清掏人员及专门针对农村粪污处理的专业公司,使得粪便不能集中处理,无害化和资源化利用率较低。

### 4. 资金投入不足,筹措机制单一

由于农村改厕的范围较广,配套设施较多,需要的资金数额巨大,仅依靠政府的力量存在相当大的困难。目前各地区的农户改厕资金一般采用各级政府按照一定比例补助、群众自筹的模式。但在一些经济困难的地区,除常规财政支出外,基本没有额外的资金用于改厕工作,需要自

筹的部分资金缺口较大,群众自筹资金存在很大困难。另一方面,依靠社会筹资的渠道不畅通,导致资金来源渠道单一。当前,大部分地区的厕改工作没有引入市场机制,使得改厕工作基本由政府主导,政府财政负担较重。

### 三 农村厕所粪污治理路径

#### 1. 提高农村居民参与的积极性

充分发挥地方政府的引导和宣传教育作用,广泛开展针对农村居民的培训教育,采用农民喜闻乐见的形式,加大宣传力度,普及厕所粪污处理的重要意义和技术知识,改变农民传统的卫生观念,增强卫生意识,提升农民对厕所粪污治理技术和模式的认知度和认可度,从而提高农村居民对厕所粪污处理的认同感。鼓励农民参与改厕模式的选择、施工、质量监督和运行维护的全过程,扩大农村居民在厕所改造和粪污处理过程中的参与度,让农民成为厕所改造的建设者、管理者和维护者,提高农民参与的积极性。

#### 2. 建立长效管护机制

因地制宜地开发经济适用、操作方便的粪污处理技术,同时建立健全粪污处理相关的长效管护机制,才能保证农村厕所粪污治理的长效性。因此,政府应当完善相关的运行、维护、管理机制,在完成农村厕所改造的硬件建设后,还应该积极开展针对农民和本地技术人员的厕改管理和实用技术培训,设立严格的改厕培训要求,并将科研、技术、健康教育等内容纳入培训要求。使农民和技术人员学习到更多的日常管理和维护知识,积极参与到后期的运行维护中来。要让改后的厕所有效运行,还需要将改厕后的粪污治理纳入政府公共服务范围,设立专业的清掏人员,依靠市场化模式,通过政府引进、扶植专业化的企业进行粪污的定期清掏,收运和粪液、粪渣的资源化利用,形成管、收、运、治一体化的运营管理机制。

### 3. 提升粪污无害化水平

粪污中存在大量的病原微生物和有害的化学物质,探索农村厕所粪污无害化处理与资源化利用的模式,提升无害化、资源化水平是厕所粪污治理的重要目的。现阶段应用的厕所粪污无害化处理技术均存在各自的局限性,且无害化效果因厕所类型、使用过程等不同存在差异。因此,应该加强推广能够适应现代农村需求的高效、低成本的粪污无害化处理技术。因地制宜地选择农业农村部推广的粪便处理技术模式,将处理后的有机肥用于种植和养殖,真正实现粪污的无害化处理和资源化利用。同时,大力支持新技术的研发和应用,针对现有厕改中出现的实际问题,有针对性地加快新技术的更新、研发和推广。优化厕所系统内部结构,选择适宜的技术工艺及材料,使粪污达到最大限度的减量化和无害化。有条件的村庄,还应统筹做好改厕与污水治理相结合,集中处理生活污水与化粪池污水,真正解决农村改厕和污水治理难题。

### 4. 拓宽资金引入渠道

完善政府资金投入机制,加大对农村人居环境整治的投入力度,将相关涉农资金统筹合理安排,避免重复投资、无序建设,提高资金利用效率,尽量减少农民改厕负担。同时,鼓励农民以自筹、投工、投劳等方式参与到改厕中来。创新政府支持方式,拓宽融资渠道,争取政策性信贷资金支持。在政府资金投入不足的基础上,充分发挥市场机制和社会机制的作用,鼓励通过企业、群众筹资等方式加大改厕资金的投入。借鉴城市厕所“以商养厕”的方式和垃圾清运一体化服务模式,主动引入市场机制,吸引社会资本和社会各界参与。

### 5. 探索厕所粪污治理新模式

我国广大农村地区地质、气候、水文等自然条件,各地基础设施、经济社会发展水平、居民受教育程度、习俗风俗等人文条件差异较大,因此农村厕所粪污处理的技术和模式需要与本地的实际情况相匹配。城镇管网能够覆盖的村庄可以使用完整的下水道水冲式厕所,规划连接城市管网,实现城乡污水统一规划、建设和管理。没有能力建设污水管网的地区,可以主要采用三格化粪池式厕所。有条件的村庄,在进行厕所改造的过程中,可以把无害化卫生厕所的建设项目与改善农民群众住房条件的项目紧密结合,提高厕所污水管网接入和资源化处理能力,在建筑风格上考虑当地风土人情、地域特点及农民接受程度等需求,不断进行更加科技化和人性化的探索,进一步提升农村生活品质。

## 四 合肥"一站两体系"式"厕所革命"

安徽省合肥市农村改厕工作面临着基数大、底子薄、任务重等多重挑战。合肥市农村改厕工作在坚持项目化管理、工程化运维的基础上,全面构建以"一站两体系"为主要内容的农村厕所管护长效机制,市域乡镇依托现有机构完善职能,挂牌设立农村改厕管护服务站,以市场化的方式全面建立乡村厕具维修服务体系、粪污清掏及资源化利用体系。目前,"一站两体系"初步实现全市乡村全覆盖和各类改厕户全覆盖,有效破解了农村"厕所革命"中存在的"不愿用、没法用、用不上"难题,取得了初步成效。

第一,结合实际,制定出台工作规范。坚持先试点、后规范,在总结各地成功经验的基础上,制定出台《农村改厕管护"一站两体系"工作规范(试行)》。"一站"即有改厕任务的乡镇,在现有乡镇负责改厕工作机构的基础上设立农村改厕管护站,履行乡镇政府改厕管护管理职责;"两体系"即通过政府购买社会化服务等方式建立起厕具检查维修体系和粪污清掏及资源化利用体系。从政策层面明确了改厕管护体系建设的主要任务、工作规范,指导各地规范化运行。

第二,厘清责任,建立管护责任体系。一是落实政府主体责任。建立市指导、县主管、镇落实的工作机制。市级农业农村部门制定农村改厕管护意见和年度工作方案;县级改厕主管部门制定农村改厕管护相关制度、标准和规范,建立健全评价体系,履行农村户厕及公共厕所管护监管责任;乡镇人民政府是农村改厕管护的实施主体,负责属地管理,以建立健全"一站两体系"为重点,具体组织实施农村户厕和乡村公共厕所管护工作。二是管护社会化主体责任。发挥市场机制作用,将有关巡检、维修、清掏等职责交由市场主体承担,采取受益者付费、政府适当补贴(助)的方式,促进改厕管护服务市场化。三是村级组织监督责任。村(居)充分发挥村民自治组织作用,通过村规民约和网格化管理,落实专人负责农村改厕管护日常排查检查、收集反馈农户需求、协调处理管护有关事务矛盾和纠纷。四是农户受益主体责任。村民是农村改厕的受益主体,负责户用厕所日常维护、卫生保洁及粪污就近就地资源化利用。

第三,创新路径,健全市场维修体系。一是中标单位质保维修。厕具产品政府采购和改厕工程施工一律约定质保期,在质保期内,凡出现产品质量或施工质量问题的,由业主单位或乡镇改厕服务站督促中标单位予以及时维修。二是乡土工匠就地就近维修。依托乡村物业或乡村水电工、建筑工、维修工等力量的就地就近服务优势,以乡镇或村(居)为单位组建改厕维修服务机构(队伍),承担质保期外的农户改厕维修服务或受中标单位委托开展相关服务。庐江县石头镇各村(居)将村内的水电工、建筑工、维修工等组织起来,成立维修服务队,负责本村(社区)厕具有偿维修。三是镇级维修网点上门维修。发挥集镇现有洁具、家电等

经营服务门店的优势,鼓励其拓展业务范围,开展厕具上门检修服务。如庐江县白湖镇依托镇五金门店,在裴岗街道、胡榜街道、梅山街道分别设立三个改厕维修服务点,安排专业施工人员为农户提供改厕维修服务。

第四,探索模式,健全清掏处置体系。一是农户自行清掏就近就地发展"五小园"庭院经济模式。倡导自己的事情自己办,自家的厕所自家掏,发展庭院经济。二是以乡镇或村(居)为单位选择第三方社会化服务组织模式。如肥东县长临河镇,引入深圳健峰物业公司开展清掏服务,公司现配有1台吸粪车和2名驾驶员(清掏员),镇域内近3000户有需求的农户厕所粪污清掏有了保障。三是委托现有乡村物业公司、农村生活垃圾治理市场化保洁公司或农村生活污水治理运维服务机构模式。如巢湖市散兵镇,将农村公厕管护通过购买服务的方式,全部委托巢湖市洁宇保洁服务公司负责,清掏后的户厕、公厕粪渣粪液全部运送至镇、村污水处理站处理。四是依托村域内农业产业化龙头企业、农民合作社、家庭农场或农业种植大户等回收消纳模式。如庐江县龙桥镇依托全镇3800亩的黄蜀葵和绿梅产业基地,建设10座储粪池(每个储粪池约8立方米容积,一次可以储存7~10户改厕户清掏的粪液),储粪池清掏出的粪液直接用于黄蜀葵和绿梅施肥,清掏出的粪渣、粪皮与畜禽粪污等农业有机废弃物一起堆沤成农家肥料,作为绿梅树根堆肥,有效解决了清掏后粪液无处使用的问题,真正提升了广大群众生活幸福感。五是将厕具维修服务体系与粪污清掏服务体系进行合并统一委托第三方公司服务模式。如肥东县石塘镇,通过政府采购的方式,确定1家单位,承担石塘社区等17个社区共3636户户厕、安置点的7个集粪池,以及全镇48个公厕的日常巡查、管护宣传、厕具维修、粪污清掏转运、粪污无害化处理或资源化利用、应急处置等。

第五,强化责任,健全监督考核机制。一是建立两级考核机制。将农村改厕管护纳入对农村"厕所革命"考核评价体系,建立市对县、县对乡两级考核机制。二是建立依效付费机制。对市场化服务组织购置吸粪车、建设粪液储蓄池等予以适当补助或奖补,对为贫困户、五保户等特殊群体开展清掏服务予以补贴。镇、村两级组织定期对市场化服务组织予以考核,考核结果与扶持政策兑现直接挂钩。三是建立群众监督举报机制。建立农村人居环境舆情互通及监督举报机制,设立市、县、乡三级农村改厕举报电话,开发农村人居环境"随手拍"小程序,接受群众监督,对群众投诉处置设置期限。

## ▶ 第三节　梯次推进农村生活污水治理

农村生活污水治理是农村人居环境整治和乡村振兴战略的重要内容。近年来,在农村生活水平不断提高的同时,农村生活污水问题日益突出,不仅影响村容村貌,更危及地下饮用水资源质量,严重影响农村经济发展和居住环境健康,加快农村生活污水处理成为改善农村环境质量的一大关键。随着国家对农村人居环境问题整治工作的推进,我国农村生活污水治理取得了阶段性的进展,但是我国农村生活污水治理起步较晚、基础设施不完善,当前我国农村生活污水排放仍然较为粗放,治理比例很低,治理任务艰巨。在今后一段时间内,农村生活污水治理仍将是农村人居环境改善工作中的短板。因此,科学有序推进农村生活污水治理已经成为农村人居环境改善工作中的重中之重和当务之急。

# 一 农村生活污水的概念及特点

## 1. 农村生活污水的概念

农村污水是指在农村地区农村居民在生产和生活活动中产生的污水,包括生活污水和生产污水。其中,农村生活污水是指农村居民在生活过程中产生的污水;农村生产污水主要指农村畜禽养殖、水产养殖、农产品加工、农业生产等相关生产活动产生的废水。安徽省生态环境厅和安徽省市场监督管理局于2019年12月发布了安徽省地方标准《农村生活污水处理设施水污染排放标准》(DB 34/3527—2019)(以下简称《标准》),并于2020年1月1日实施。《标准》中对农村生活污水有详细的定义,即农村生活污水是指农村(不含乡镇政府驻地)居民生活活动所产生的污水,主要包括冲厕、洗涤、洗浴和厨房等排水,不包括工业废水。不同来源的污水,其成分也有所不同。冲厕污水(一般也称为"黑水")水量较大,这类污水中氮、磷等营养元素和化学需氧量较高。洗涤污水主要是农村居民的衣物清洗和洗浴过程中产生的污水,这类污水中的化学成分较高,主要是洗涤剂中的磷元素、表面活性剂和起泡剂等。厨房污水是指居民日常生活中洗碗和洗菜所产生的污水,这类污水中生物需氧量较高。洗涤污水和厨房污水一般称为"灰水"。

## 2. 我国农村生活污水的特点

农村生活污水一般没有固定的排污口,排放较为随意,水质、水量与城市生活污水相比主要有以下三个方面的特征。

第一,排放分散、水量较小。农村生活污水的产生一般与农村居民的分布相关。村民分布较稠密的地区,生活污水产生量也相对较大。农村地区村庄分布和村民在村庄中的居住都比较分散,因此与人口居住较为密集的城市相比,农村生活污水排放分散、水量较小。

第二,区域差异大、间歇排放明显。农村生活污水的排放量与当地经济水平、生活习惯、季节等因素有关,区域差异显著。一般经济发达地区,用水量和排污量较大,夏季用水量和排污量比冬季高。一天之中,一般早、中、晚相对集中排放,各有一个高峰期。

第三,水质相对较为稳定。与城市相比,农村地区居民生活供给较为单一,因此生活污水的水质相对较为稳定。污水中的有机物和氮、磷等营养元素含量较高,还含有合成洗涤剂,以及细菌、病毒、寄生虫卵等微生物,但一般不含有毒物质。

## 二 农村生活污水排放及治理现状

### 1. 农村生活污水治理模式

2019年4月,住房和城乡建设部发布《农村生活污水处理新技术标准》(以下简称《标准》),并于2019年12月1日施行。《标准》对农村生活污水处理做了基本规定,指出农村生活污水处理工程建设应根据各地具体情况和要求,综合经济发展和环境保护、处理水的排放与利用等关系,结合农村及农业的相关发展规划,充分利用现有条件和设施。农村生活污水处理宜以县级行政区域为单元,实行统一规划、统一建设、统一运行、统一管理。《标准》还指出,农村生活污水处理主要有分户污水处理、村庄集中污水处理、纳入城镇污水管网处理三种方式。

(1)分户处理模式。分户处理是指生活污水无法实现集中收集处理,以村庄内的农户为单位,建设污水处理设施,实现生活污水的就近处理。分户处理模式主要适用于水系地形条件复杂、管网建设难度较大、人口居住较为分散、位置偏远并且附近没有污水处理站的村庄。该模式可以避免大规模管网建设和运行维护资金投入,减少污水收集过程中出现污水泄漏问题,具有投资成本低、建设方式灵活等特点。

（2）村庄集中处理模式。村庄集中处理模式适用于地理位置相对独立，有一定人口数量且居住相对集中，村庄地形条件具备管网铺设条件的村落。在村庄附近建设农村生活污水处理设施，将村庄内的生活污水进行统一收集和集中运输，实现农村生活污水的就地处理。该模式能够实现村庄内部生活污水的统一收集、统一运输和统一处理。

（3）城乡统一处理模式。城乡统一处理模式主要适用于邻近市区或城镇，人口居住密集，具备铺设污水管网施工条件的村庄。污水通过管网收运至城镇污水处理厂统一处理。该模式不仅治污彻底、污水处理效果较好、方便统一管理，还可以有效提高城镇污水处理设施的利用率。

## 2. 农村生活污水排放及治理现状

住房和城乡建设部公布的数据显示，2016—2020年，我国农村污水排放总量持续提升，2020年全年全国农村污水排放量达337.1亿立方米。我国城乡建设统计公报和全国农村环境综合整治"十三五"规划统计的数据显示，我国农村生活污水处理率与城镇污水处理率差距较大。截至2016年末，全国城市共有2039座污水处理厂，日处理能力14910万立方米，污水处理率达93.44%。全国县城共有污水处理厂1513座，日处理能力3036万立方米，污水处理率达87.38%，全国农村生活污水处理覆盖率仅为22%。截至2021年底，全国农村生活污水治理率仅为28%左右。根据《安徽省"十四五"农村人居环境整治提升行动实施方案》，截至2020年底，安徽省农村卫生厕所普及率达85%，农村生活垃圾无害化处理率达70%；建成乡镇政府驻地生活污水治理设施1188座，实现所有乡镇全覆盖，但农村生活污水治理率仅为13.6%，任务仍然艰巨。农村生活污水治理设施建设成本高、运行维护难度大等问题客观存在，长效机制有待健全。

### 3. 农村生活污水治理面临的困境

2019年中央一号文件中将农村生活污水治理作为实施乡村振兴战略和改善农村人居环境工作的重要工作内容。但是当前我国农村生活污水处理仍然处于起步阶段，存在很多问题，主要表现为：思想认识不足，缺乏环保意识；设施建设不足，缺乏管理运维；资金投入不足，缺乏专业人才和技术；统筹设计不足，缺乏科学规划等。因此，今后一段时间内农村生活污水治理仍将是农村人居环境改善工作的重点。

（1）思想认识不足、缺乏环保意识。过去农村地区的生活污水排放随意，一般都是直接倾倒至路边沟渠或者地面。但是随着生活水平的提升和现代工业的发展，越来越多的工业品流入农村，农村生活污水的成分和特性也发生了很大变化，因此继续沿用传统的污水处理方式，已经不再符合时代发展趋势，不加治理势必会加剧农村地区的生态环境破坏。农村地区地理位置较为偏僻，污水治理和相关政策的宣传不深入，导致村镇干部对污水治理缺乏足够的重视，村民缺乏环保意识。农村居民文化水平普遍较低，越来越多的青年人走出农村留在城市，留守在农村的老人对污水治理的认知水平和接受能力存在较大差异，导致农村居民没有形成良好的环保意识，参与污水治理的认识不足，积极性、主动性不高。

（2）设施建设不足，缺乏管理运维。农村生活污水治理包括污水收集系统建设、处理设施建设及运维管理等几个方面。由于收集管网投资巨大，而我国广大农村地区政府财政相对紧张，投资经费短缺，导致当前农村污水处理工程往往集中在污水处理设施建设上，却忽视了收集管网的建设和后期的运营维护和管理，因此很多农村地区出现污水处理设施建完后无水可进和后期无法正常运行、无人维护的局面。同时，农村地区地形复杂，房屋建设缺乏科学规划，生活污水排放分散，这些因素限制

了污水收集和处理设施的发展,导致生活污水收集难度较大。对于已建有农村生活污水处理站的村庄,生活污水处理设施覆盖范围小,多数也未实现生活污水全收集和全处理。部分地方政府在生活污水治理方面存在相关权责不清晰、管理散乱的现象,缺乏针对污水处理设施的管理运维机制,存在重建设、轻管理的情况。

(3)资金投入不足,缺乏专业人才和技术。农村污水处理设施的前期建设投入和后期的管理维护成本较高,只靠政府财政投入很难得到保障。此外,农村生活污水处理的直接经济效益不高,很难吸引社会资本参与,导致农村生活污水处理资金投入不足。同时,生活污水处理设施的施工、安装、调试、运行、维护等方面需要专业技术人员,但是由于农村地区的教育水平相对较低,缺乏相应的专业技术人才,所以生活污水设施的运营效果难以达到预期要求。我国广大农村地区发展具有较大差异,不同地区对污水处理工艺的要求差异较大。虽然目前全国各省份均已制定了地方农村生活污水处理设施水污染物排放标准,但是很多技术和设备标准还没有建立,具体技术标准参差不齐,大部分照搬城镇污水处理设计方案,污水处理技术适用性不强。目前农村生活污水处理技术的选择存在盲目性、缺乏科学性,盲目选择治理技术和设施不仅不能解决污水处理问题,还可能造成资金和时间浪费。

(4)统筹设计不足,缺乏科学规划。科学规划是开展农村生活污水治理工作的重要基础,但目前我国农村生活污水处理系统大多以村为单位进行小型污水处理厂的建设,没有事先进行科学的规划。即使是部分做了规划的村镇,在规划编制的深度、科学性和可操作性方面也存在不确定性,甚至存在形式主义的问题,科学治污、精准治污的水平不高。

## 三 农村生活污水治理路径和对策

### 1. 深化污水处理意识,树立正确环保观念

只有树立正确的环保理念,才能有效改善当前农村生活污水处理的难题。因此,政府需要高度重视农村生活污水处理工作,加强农村干部的思想培训工作,深化污水处理观念,同时要加强对农村居民环保理念的宣传教育工作,扭转农村居民对污水处理的固有印象。让农村居民正确认识污水处理,明白污水处理与自身之间的关系和责任,督促村民在日常生活中规范污水处理方式,规避乱排乱放现象。我国大部分农村经济不发达,留在农村的多为老人和儿童,文化水平较低,对新事物的接受能力有限。面对这种情况,当地政府应采取较为温和、新颖的方式,对老人和小孩展开污水治理宣传工作,深化污水处理意识,让污水治理成为农村居民生活的一部分。

### 2. 加强污水处理设施建设,提高收集效率

一方面,对能够通过清理、疏通、设施(设备)检修或更换恢复运行的,尽快修复并恢复运行,管网不完善的,加快配套管网建设。另一方面,对于从未投运且长期撂荒不能修复的,根据现状重新规划建设。现阶段,相当一部分农村的污水处理设施建设处于规划阶段,因此,加快推动城镇污水管网向村庄延伸和覆盖,是实现农村污水治理基本覆盖的重要工作。同时,在经济社会高速发展的当下,要用与乡村振兴发展相匹配的标准去规划污水处理设施建设,将污水处理与湿地保护、景观特色、文化宣传、基础设施建设、休闲旅游相融合,把农村污水处理设施建成多位一体的综合休闲活动中心,实现污水治理的最大收益。

### 3. 建立长效管护机制,提升治理水平

科学合理的资金、人才、技术和管护保障是农村生活污水能够得到

长期有效处理的重要前提。根据城镇及乡村发展规划等,应合理确定区域内农村生活污水治理的优先时序,对所需资金进行科学匡算,据此将其纳入基层财政预算,保障农村生活污水治理对资金的需求。政府除应加大在农村生活污水治理上的资金投入之外,还需要积极探索农村污水治理资金市场化投入模式,鼓励有能力的企业参与到农村污水治理中,帮助农村污水治理谋求更多的资金支持。出台政策措施,明确农村生活污水处理设施的产权归属和运行管护的责任单位,保障设施的建设质量,推行专业化、市场化的运行维护模式,同时将设施的运行和维护经费纳入财政预算,保障设施正常运行。政府部门需要加强相关政策的落实和对专业人才的培养,建立健全污水处理设施的长效管理运行机制。

#### 4. 坚持因地制宜,科学合理规划

科学规划是有效开展农村污水治理工作的基础。2019年,生态环境部印发的《关于进一步加强农业农村生态环境工作的指导意见》《县域农村生活污水治理专项规划编制指南(试行)》等文件中明确要求实行农村生活污水处理统一规划、统一设计、统一运行、统一管理,制定统一的县域农村生活污水治理规划。城市近郊、远郊及偏远地区不同乡村的功能、发展定位和需求各不相同,根据村庄所处区位、人口规模、集聚程度、地形地貌、排水点、排放要求、受纳水体环境容量等具体情况,因地制宜制定农村生活污水治理专项规划,统筹农村生活污水治理设施和管网建设,明确适合当地实际的工作路径和技术模式,明确重点治理对象,坚持先易后难、先点后面,合理安排农村生活污水治理任务,避免重复建设。

#### (四) 当涂县江南水乡建设

近年来,安徽省马鞍山市当涂县深入学习贯彻习近平总书记关于改善农村人居环境的重要指示精神,全面落实中央和省、市的部署要求,积

极学习借鉴浙江"千村示范、万村整治"工程经验,大力实施农村人居环境整治三年行动计划,一体化推进"三大革命""三大行动",突出抓好农村生活污水治理,全县农村人居环境,特别是水环境得到明显改善。连续两年入选"中国最美县域",四度蝉联全省美丽乡村建设先进县。当涂县的污水治理工作重点在于做好以下"四篇文章"。

首先,坚持高位推动,做好"管水"文章。一是注重以上率下。县委、县政府高度重视,坚持把农村生活污水治理作为实施乡村振兴战略的重要任务抓紧抓好,成立主要负责同志任组长的县一体化推进农村垃圾污水厕所专项整治工作领导小组,一级做给一级看,一级带着一级干。二是注重问责问效。坚持把农村污水治理工作纳入年度目标管理考核,对落实不力、监管不到位的单位和个人,严肃追究责任,倒逼任务落实。三是注重监管执法。加强联合管控、源头管理和铁腕治污,坚决查处违法用水、违法排污、违法占用河道等破坏水环境的行为,不断提高"管水"精细化水平。

其次,坚持因地制宜,做好"改水"文章。一是突出规划引领。制定《当涂县一体化推进农村污水厕所专项整治持续提升全域环境品质实施方案》及专项工作方案,明确目标任务、整治范围、工作举措和完成时限。二是突出试点先行。每个乡镇各选择1个中心村作为试点,加大探索力度,总结推广经验,涌现出黄池镇西河村改厕污水一体化治理模式等样本。三是突出分类实施。在前期摸底调查的基础上,因地制宜确定改厕模式,确保改一户、成一户。对一定人口规模的自然村,建设微动力或动力污水处理设施,采取"一管到底"模式;对零星散户,使用装配式三格化粪池水冲式无害化卫生厕所。

再次,坚持系统施策,做好"治水"文章。一是加强污水处理设施建设。全县8个乡镇建成污水处理站、2个乡镇污水管网接入县污水处理

厂,86个中心村全部建成污水处理设施。二是加强水系综合治理。对10条骨干水系实施水系连通工程,对21条黑臭水体实施集中治理,对4143口塘坝、108条河沟实施扩挖和清淤工程,实现河畅、水清、岸绿、景美。三是加强农村水源地保护。对全县10个乡镇集中式饮用水源地立牌建档、严格保护,定期进行检测,水质达标率均为100%。

最后,坚持常态长效,做好"护水"文章。一是全面推行河(湖)长制。建立县、镇、村三级河(湖)长体系,设立县级河(湖)长13名、乡镇级河(湖)长126名、村级河(湖)长631名,将全部河沟塘坝纳入管控范围,实行"一河一长、一河一案、一河一策",落实定期巡查、督查考核等制度,实现农村污水治理常态化。二是强力推进"三大一强"专项攻坚行动。坚持把修复长江生态环境摆在压倒性位置,全力整治突出生态环境问题,推动长江当涂段再现"一江清水、两岸葱绿"。全县长江干线和支流61家非法无证码头、54家畜禽养殖场、129家"散乱污"企业、182艘入江口乱停乱靠船舶完成整治,石臼湖94万米、内河4.5万米养殖围网全部拆除,渔民退捕转产工作加快推进,长江干流渔船全部完成拆解,水环境质量持续改善。

## ▶ 第四节　提升村容村貌

### 一 村容村貌治理变迁

村容村貌建设是我国农村环境发展的内在要求,也是新时期美丽乡村建设的必然选择。新中国成立以来,我国农村生活基础设施不断完善,村容村貌治理工作不断推进,农村面貌发生了翻天覆地的变化。

新中国成立初期,农村工作以农业生产为主,但也开展了改善农村人居环境的村容村貌建设工作,主要包括修建农村基础设施,如房屋、道路、学校、医院等,同时在农村开展爱国卫生运动,提升农村卫生环境。改革开放以后,农村经济快速发展的同时,也更注重改善农业生产条件和农村居民生活条件,农村基础设施条件有了较大的改善。2005年,十六届五中全会提出建设"生产发展、生活宽裕、乡风文明、村容整洁、管理民主"的社会主义新农村的目标。中央相继出台了一系列文件,推进村庄整治和村容村貌提升。在这一时期,乡村道路建设是新农村建设和村庄整治工作的重点,农村公路建设实现了突飞猛进的发展。2013年,中央一号文件提出努力建设美丽乡村的总体要求,2016年,中央一号文件进一步提出开展美丽宜居乡村建设,2018年,中央一号文件又提出持续推进宜居宜业的美丽乡村建设的新要求。此后,我国的乡村建设进入美丽宜居乡村建设时期,先后开展"美丽乡村"试点工作、农村人居环境调查、全国农村人居环境信息系统建设等一系列工作,同时将农村基础设施完善和村庄规划纳入美丽宜居乡村建设工作中,扎实推进村庄整治和村容村貌提升工作。

## （二）村容村貌治理现状

村容村貌是农村人居环境质量、乡村建设水平的直观表现。在乡村振兴战略背景下,我国村容村貌建设一直不断推进。2018年1月,《中共中央　国务院关于实施乡村振兴战略的意见》中提出,实施农村人居环境整治三年行动计划,以农村垃圾、污水治理和村容村貌提升为主攻方向,其中将村容村貌提升作为重点任务。"十四五"规划中也明确提出要持续改善村容村貌和人居环境,建设美丽宜居乡村。2021年印发实施的《农村人居环境整治提升五年行动方案（2021—2025年）》指出,继续将推

动村容村貌整体提升作为当前一个时期的重点任务之一。当前我国农村生活基础设施不断完善,全国村庄环境基本实现干净、整洁、有序。但我国广大农村地区存在较大的区域差异,发展并不均衡。东部沿海地区与省会城市的村容村貌提升较快,但城乡之间差距越来越大。偏远地区的村容村貌虽得到一定改善,但部分地区农村仍存在整体面貌参差不齐、公共环境管控缺位、民房建设无序、无地区特色、发展方向不明等现象。当前,我国农村正处于加速变革转型时期,各地区差距大、乡土文化有异、农村自治程度不一,各地在农村公共环境治理中面临问题的侧重点不同,具体问题的探讨还需结合地方实际情况。

### 三 提升村容村貌的路径

根据《农村人居环境整治提升五年行动方案(2021—2025年)》,对新时期村容村貌提升工作的具体要求,推动村容村貌整体提升,要从改善村庄公共环境、推进乡村绿化美化、加强乡村风貌引导三个方面开展工作。

#### 1. 提升村容村貌,改善村庄公共环境

村庄公共环境是指供农村居民日常生产生活共享使用的乡村户外空间。村庄公共环境包括村庄入口、文化活动广场、绿化景观、道路、环境设施等,是体现村容村貌的主要载体。由于农村产权制度的变迁和村庄规划的缺位,国内大部分村庄的公共空间存在不同程度的乱建、乱占现象。有些村庄原有的集体土地全部分配到农户,除村委办公场所外,无其他可供开展公共活动的空间。一些村庄建设规划失序,宅基地未批先建,农房乱占耕地,有新房没新村、有新村没新貌。村庄公共环境存在不同程度的建筑材料乱堆、垃圾乱丢乱放、村庄道路狭窄难行、生活污水横流、池塘水体黑臭和畜禽粪便乱排等乱象。在许多农村地区,"三线"

乱搭乱牵的情况严重,村内的电力线、通信线、广播电视线混杂在一起,影响村容村貌。

改善村庄公共环境是提升村容村貌的基础,首先要做到干净、整洁、有序。随着农村生活垃圾和生活污水治理工作的深入推进,垃圾收运设施和污水处理设施逐渐完备,在此基础上重点解决村庄私搭乱建、乱堆乱放等问题,推进村庄公共环境不断改善。科学管控农村生产生活用火,加强农村电力线、通信线、广播电视线"三线"维护梳理工作,推进"三线"乱搭乱牵治理工作,对于村容村貌提升和改善村庄公共环境起到很关键的作用,这也是今后工作的重点。有条件的地区应积极推动宽带、通信、广电等服务进村入户,完善农村无障碍环境、道路等基础设施,合理布局防汛和消防设施,加快乡村现代化进程。

### 2. 提升村容村貌,推进乡村绿化美化

乡村绿化美化,是实施乡村振兴战略、推进农村人居环境整治工作的一项重要内容。乡村公共绿地包括庭院、街道、水塘河渠、防护林等。当前我国不少乡村地区缺少绿化、绿化美化建设缺乏特色。推进乡村绿化美化,重点从生态环境保护、"四旁"(水旁、路旁、村旁、宅旁)绿化、水系连通等三个方面推进。要因地制宜开展荒山、荒地、荒滩绿化,加强农田(牧场)防护林建设和修复,引导鼓励村民通过栽植果蔬、花木等开展庭院绿化,通过农村"四旁"植树推进村庄绿化,充分利用荒地、废弃地、边角地等开展村庄小微公园和公共绿地建设。同时,鼓励有条件的地区开展森林乡村建设、水美乡村建设试点。

在推进乡村绿化美化的过程中要充分发挥农民的主体作用和政府的引导作用,因地制宜、循序渐进。一是充分发挥农民的主体作用。乡村绿化美化主要依靠农民,要调动农民参与乡村绿化美化的积极性和主动性。二是因地制宜选择绿化美化的方式。根据村庄的自然条件和产

业特色,在充分尊重农民意愿和风俗习惯的基础上,坚持因地制宜、分类推进,宜树则树、宜果则果、宜菜则菜、宜草则草、宜花则花,体现乡村特色。三是发挥好政府的引导作用,加大政策指导、资金支持和组织动员等力度,通过发放草木苗种、开展技术培训、进村入户宣传等方式,持续推进乡村绿化美化,改善村容村貌。

### 3. 提升村容村貌,加强乡村风貌引导

我国很多农村地区历史悠久,在推进村容村貌提升工作中,应尊重当地的历史文化资源,统筹保护和利用传统村落的自然山水、历史文化、田园风光,推进与区域乡土文化相适宜的村容村貌提升工作,突出历史文化、乡土特色和地域特点。加强乡村风貌引导,要能突出乡土特色、树立文化自信,重点解决千村一面、大拆大建、乡土特色缺失、乡土文化消失等问题。同时,要弘扬优秀农耕文化,积极推进传统村落保护。

实现村容村貌的提升,只依靠政府推动是不够的,村民才是乡村风貌保护和建设的重要主体,让村民对其所生活村庄的历史和文化产生认同感、自豪感,形成自觉的保护意识和行动,是实现乡村风貌可持续的重要基础。文化是村容村貌提升的根基,百姓生活是文化的载体,村容村貌提升要立足根基、用好载体,推动乡村处处显文化、见历史,让老百姓在生活当中能够触摸到历史、感悟到文化魅力,形成文化自觉,增强文化自信。推动塑造富有时代特征、区域特色又蕴含传统文化价值的乡村特色风貌。

除此之外,提升村容村貌还要避免几个问题。首先,在绿化美化建设中,要避免"城市绿化下乡"。城市的"大草坪""大花坛"并不适用于农村绿化,一方面是维护成本高,另一方面也不符合村庄的实际特点。推进村庄绿化,要充分利用荒地、废弃地、边角地等开展村庄小微公园和公共绿地建设,与公共空间、活动场所相结合,适度绿化。其次,乡村风貌

引导要避免照搬照抄、盲目模仿,造成对本地乡土文化和特色风貌的破坏。保护、传承和发扬传统文化,不是一味地仿建古建筑,而是要将当地的历史和传统文化融入乡村建设之中,突出乡土特色和地域特点,促进村庄形态与自然环境、传统文化相得益彰。真正的现代农村社区既要保留乡村的特色,还要提升基础设施、管理运营维护等方面的现代化水平,提高农村生活水平和品质。再次,村容村貌提升不能与产业发展割裂开来。产业是村容村貌提升的动力,村容村貌提升的成果同时也是发展乡村旅游、休闲农业的优势资源。在美化乡村的同时,量身打造、发展乡村特色产业,推进村容村貌提升和产业发展相互融合、相互促进,提高乡村经济水平和农民收入,实现乡村风貌可持续发展。总的来说,改善村庄公共环境、推进乡村绿化美化、加强乡村风貌引导,这三项重点任务其实是循序渐进的关系,需要根据各地实际情况量力而行、稳步推进。

## （四）天长市"三个统筹"村庄清洁行动

近年来,安徽省天长市坚持把打造优美生态环境作为乡村振兴的关键之举,全域推进"五清一改"村庄清洁行动,守好乡村"底色",融入地方"特色",不断提升群众获得感、幸福感,奋力打造全省和中西部地区排前列、比肩东部的天长样板。

首先,统筹工作部署。一是上下联动。建立了三级书记任组长的市镇村"三级联动"机制,组建了市政府直属的常设单位——乡村振兴促进中心,统筹推进农村人居环境整治。二是部门协同。市供销社以再生资源回收公司为引领,在各村设立可回收垃圾回收站点220多个,在示范家庭农场建立了废旧农膜回收中心和回收点,17家农药销售商建立了农药包装回收点。市妇联每月开展"最美庭院"评比活动。团市委组织开展"青力亲为·美丽家园""小手拉大手·清洁家园"等志愿服务活动。三是群众参与。全市所有村庄将环境整治纳入村规民约，乡贤引领农户门前三包、庭院创建。在全市开展村庄环境"每周一查、每月一评"活动，将农村人居环境整治纳入党建引领信用村评价指标。新街镇在农村人居环境整治中，通过引进自治协商机制，向群众适量收取卫生费的方式，逐步形成"缴点小钱，干净整年"的氛围。郑集镇施庄村的群众主动无条件拆除废弃猪圈厕所、无人居住的危旧房等无功能建筑，将旧建材捐助用于铺设游园路径、建设文化墙等。

其次，统筹整治重点。深入开展"五清一改"村庄清洁行动，干干净净迎小康。一是全域推进"五清一改"村庄清洁行动，累计清理村内沟塘1543口，清理生活垃圾2.6万吨，拆除乱搭乱建2923户，开展进村入户宣传教育活动1755人次，发放宣传资料超9万份。二是建立"户分类、村收集、镇转运、市处理"的垃圾处理模式，实现城乡保洁一体化全覆盖。三是完成改厕6730户，建成14个镇政府驻地污水处理厂和49个美丽乡村污水处理设施，实现农村污水处理设施全覆盖。

再次，统筹推进机制。一是建立多元化投入机制。建立政府主导、村民参与、社会支持的投入机制。市财政直接用于农村人居环境整治资金达1.2亿元。整合农业、水利等涉农部门40多个项目，计资金1亿元。与银行合作融资9.1亿元，实施改善农村人居环境项目701个。动员企业参与农村人居环境整治，并取得了很好的效果。二是建立多形式管护机制。建立村长效管护考核机制，每村每年安排5万至10万元管护补助经费。全市村庄公益性保洁员队伍820多人，义务开展村庄清扫保洁并参与监督。依托环卫保洁公司或农民专业合作社成立15个镇级农村改厕管护服务站，151个村农村改厕管护服务队，采购各类吸粪车50辆。厕所粪液粪渣通过纳管处理、就近还田、集中收储利用和制成有机肥等方式，实现了科学利用。三是建立多层次考核机制。制定了《天长市农村人居环境整治工作考核办法》,建立市级领导联系、镇街党政主要负责人、分管负责人包保制度,每人每年一次性缴纳保证金2万元,市财政等额配套,实行单月暗访、双月考核,根据综合得分兑现奖惩。各镇街将农村人居环境整治工作列入对各村(社区)积分制管理考核体系。

## ▶ 第五节 加强村庄规划管理

### 一 村庄规划的相关概念

#### 1. 村庄的概念

村庄是承载农村居民从事农业生产、生活及其他相关社会活动的聚集区。在我国的不同地区,村庄又被称为屯、庄、寨等。村庄是农村发展的基本单位,也是农村最小一级的行政单位。

根据不同的分类标准,可以将村庄划分为不同的类型。按照人口规模,根据《乡村公共服务设施规划标准》(2013)可以将村庄分为特大型村庄(人口数>3000)、大型村庄(人口数介于1001～3000)、中型村庄(人口数介于601～1000)和小型村庄(人口数≤600)。按照村庄行政的概念,可以分为行政村和自然村。自然村是指村民在长期生活的自然环境中形成的,包括一个或多个家族的村民聚落点。行政村是一个行政管辖的概念,是指村委会所在的村庄,只有按照《村民委员会组织法》设置了村委会的村庄才可称为行政村。自然村与行政村相对应,自然村的管理单元为村民小组。在部分地区,行政村和自然村相互重叠,在有些地区,一个自然村划分为一个以上的行政村,大部分地区的行政村包括多个自然村。根据村庄与城市的位置关系,可以将村庄分为城中村、城边村、中心

村和边缘村四种类型。城中村是指被城市包围的村庄;城边村是指在城市建成区外围地带,市区向郊区过渡的村庄;中心村是指远离城市,但是形成了一定产业集聚和人口规模的村庄,对周边有一定的辐射能力,具备发展成为小城镇的可能和空间,是村庄规划编制的重点;边缘村是指位于城镇边缘地区,也可以是两个城镇交界处的村庄,一般与外界联系较少,经济落后。

### 2. 村庄规划的概念

村庄规划管理工作有助于科学合理地制定下一阶段的发展目标,只有好的村庄规划,才能保障村庄健康发展。传统的村庄规划主要是指住建部主导的村庄建设规划,规划范畴侧重于乡村聚居点各项建设内容。当前,村庄规划是以一个或者多个行政村村域为单元编制的乡村地区空间规划,属于国土空间规划体系中乡村地区的详细规划,是开展国土空间开发保护活动、实施国土空间用途管制、核发乡村建设项目规划许可、进行各项建设等的法定依据,是开展乡村建设、助力乡村振兴和乡村治理的重要工具与手段。具体来说,村庄规划是对村庄的性质定位、人口和用地规模、产业布局与发展、公共管理与公共服务设施、道路交通设施、公用工程设施等进行科学规划。村庄规划是引领村庄建设发展、实施村庄建设管理的重要依据。

2018年,《乡村振兴战略规划(2018—2022年)》中提出,要顺应村庄发展规律和演变趋势,根据不同村庄的发展现状、区位条件、资源禀赋等,按照集聚提升、融入城镇、特色保护、搬迁撤并的思路,分类推进乡村振兴。同时将村庄分为集聚提升类、城郊融合类、特色保护类、搬迁撤并类四类村庄。其中,集聚提升类村庄是指现有规模较大的中心村和其他仍将存续的一般村庄,占乡村类型的大多数,是乡村振兴的重点。城郊融合类村庄是城市近郊区以及县城城关镇所在地的村庄,具备成为城市后花园的优势,也有向城市转型的条件。特色保护类村庄是指历史文化名村、传统村落、少数民族特色村寨、特色景观旅游名村等自然历史文化特色资源丰富的村庄,是彰显和传承中华优秀传统文化的重要载体。搬迁撤并类村庄是指位于生存条件恶劣、生态环境脆弱、自然灾害频发等地区的村庄因重大项目建设需要搬迁的村庄,以及人口流失特别严重的村庄,可通过易地扶贫搬迁、生态宜居搬迁、农村集聚发展搬迁等方式,实施村庄搬迁撤并,统筹解决村民生计、生态保护等问题。2019 年以来,自然资源部办公厅先后发布《关于加强村庄规划促进乡村振兴的通知》和《关于进一步做好村庄规划工作的意见》等重要文件,指导各地有序推进"多规合一"实用性村庄规划编制。不同类型的村庄,其规划内容的侧重点各不相同。

## 二 村庄规划管理现状

村庄是农村发展的基本单位,也是农村最小一级的行政单位。村庄规划是落实村庄土地用途管制的基本依据,其目标是在村域空间内统筹安排农村生产、生活、生态空间,结合村域功能定位,确定村域经济发展、生态保护、耕地和永久基本农田保护、村庄建设、基础设施和公共设施建设、环境整治、文化传承等方面的需求和目标,明确规划内容和实施路径,制订实施计划,促进农村土地规范、有序和可持续利用。

村庄规划是引领村庄建设发展、实施村庄建设管理的重要依据,意义重大。村庄规划涉及经济建设、政治建设、文化建设、社会建设和生态文明建设的方方面面,是做好农村地区各项建设工作的基础,是各项建设管理工作的基本依据,对改变农村面貌、加强农村地区生产设施和生活服务设施、社会公益事业和基础设施等各项建设,推进社会主义新农村建设具有重大意义。合理规划农村基础设施、医疗卫生和文化教育等

方面的配置,有利于实现城乡基本公共服务均等化,促进城乡融合发展。村庄规划是引领农村建设、推动农业发展、促进农民增收的重要保证。通过村庄规划,可以对农业生产进行合理布局,推动农业生产规模化、集约化,促进农村经济发展。村庄规划是乡村振兴的基础,做好村庄规划有利于理清村庄发展思路,明确村庄定位、发展目标和重点任务,有利于科学合理布局农村生产生活生态空间,有利于统筹安排各类资源,确保乡村振兴工作行稳致远。近年来,各地从实际出发,制定了符合发展实际和未来需求的村庄规划。但是,在新农村建设背景下,一些地区在村庄规划方面仍然存在较多问题。

### 1. 土地规划与村庄规划脱节

当前我国正处于国土空间规划体系变革的关键期。现阶段,大部分农村建设仍然沿用传统村庄规划,土地规划工作和村庄规划工作没有实现有效衔接,存在脱节现象,容易出现重视居民点建设而忽视农用地治理的现象,导致村庄内部用地类型不明确,影响耕地保护和新农村建设进程,使得新农村建设面临更多挑战。

### 2. 忽视对象需求,公众参与度低

当前许多村庄在规划过程中,上级政府和规划单位处于主导地位,缺乏与村民的有效沟通。在前期调研过程中,村民常常被动参与,缺少话语权和知情权,导致规划脱离实际,针对性不强,村民利益得不到有效保障,从而影响村庄规划的落实效果。

### 3. 照搬城市建设模式,脱离农村实际,村庄特点不足

村庄规划起步较晚,在实际操作中容易受到城市规划的影响,甚至照搬城市建设模式,忽视村庄的环境和历史文化价值,出现千村一面的现象,导致乡土风貌、乡村特色不足。

## 三 加强村庄规划管理的路径

在现代化建设进程当中,做好村庄规划、引领新农村建设是当前一个时期的工作重点。我国地域辽阔,自然地理分布与地区城乡空间格局差异巨大,乡村地域复杂,村庄类型多样。因此,在编制村庄规划过程中还存在较多的实施盲点。在新时代乡村振兴背景下,如何编制"有用、好用、管用"的村庄规划,还应当注意以下几个方面的问题。

### 1. 坚持保护优先,绿色发展

新时期的村庄规划应加强对耕地资源、生态环境、历史文化等方面的保护,落实上位规划确定的生态保护红线、永久基本农田红线的管控要求,以绿色发展引领乡村振兴,构建人与自然和谐共生的农业农村发展新格局。

### 2. 坚持以人为本,尊重民意

村民参与村庄规划是村民表达诉求、参与政策制定和实施、建设美丽家园的一种有效途径,也是保障村庄规划实用性的核心基础。新时期的村庄规划应把村民放在主体地位,在村庄规划的编制过程中,鼓励村民参与,充分征求村民意见,保障村民的知情权、参与权和监督权,把为村民创造良好的生产生活环境、提高居民生活水平作为出发点和落脚点。

### 3. 坚持多规合一,统筹协调

新时期的村庄规划应严格落实乡村振兴的目标和要求,整合现有的村土地利用规划、村产业发展规划、村庄建设规划等,统筹考虑土地利用、产业发展、居民点建设、人居环境整治、生态保护、历史文化传承等方面,加强各类规划管理的协调性,编制"多规合一"的实用性村庄规划,破解多规矛盾,实现乡村地区规划治理一张图。

#### 4. 坚持乡土特征，突出特色

不能盲目地以城市规划的思路进行乡村规划，必须立足当地的自然条件和生态环境，从农民的立场和需求出发，在尊重村庄空间格局现状的基础上，系统谋划文物古迹、传统民居、古树名木的保护，充分利用自然环境和文化要素，充分挖掘地方特色，突出乡土文化和风貌特色，制定科学合理的村庄规划。

#### 5. 坚持因地制宜，分类推进

新时期的村庄规划应根据村庄的发展现状、区位条件、资源禀赋等，测算出村庄发展潜力并划分不同的村庄类型。因地制宜确定村庄的规划策略、规划重点和规划内容，不搞一刀切。在找准主要发展方向和定位后，推进实现精准规划。

### （四）旌德县"专业细致规划"村庄管理

首先，坚持专业规划、细致规划引导村庄管理。安徽省宣城市旌德县坚持人居环境治理，规划先行。为更好地做好村庄规划，旌德县坚持专业的人做专业的事，科学地做好规划工作。旌德县同南京农业大学规划设计研究有限公司的专业团队合作，基于旌德县生态本底及绿化特色，充分利用县城的河流水系及周围山体的自然条件，以周围的山体绿化为依托、以河流绿化为导引、以公共绿地为主体，构建"山、水、城"相互交融的环境意境，并根据城镇用地结构调整和发展要求，科学规划村庄的发展方向。旌德县结合自身情况，将发展方向定位为"一城三地、三宜福地、养生天堂"，同时分城区、中心镇、一般镇、中心村四级等级结构进行合理规划。

其次，摸清家底，统筹资源。为做到摸清家底，统筹安排，旌德县完成"四个一"工程。一张表，即自然资源资产负债表，对自然资源清产核资、确权登记、明确权责；一套图，即多规合一，统一划定生态保护红线、永久基本农田、城镇开发边界等三条控制线，并整合成一套图；一本账，即探索建立生态文明指数，对县域发展进行科学评价；一张网，即构建智慧平台综合运用网络，整合公安、城管、旅游、扶贫等相关部门管理职能，通过大数据分析，全面提升生态保护的科学化水平和分析决策能力。

再次，因地制宜，细致规划。在摸清家底的基础上，对每个乡镇所有的村都做出符合自身禀赋条件的规划。比如，三溪镇作为现代农业核心区，其定位是以发展生态观光精致农业、度假休闲旅游业为主导的具有皖南特色风貌的骑行小镇。庙首镇作为县域西部中心镇，是以黄山东线旅游服务、生态精致农业为主的特色茶香小镇。白地镇作为黄山东大门首驿，定位为宣砚特色小镇和皖南风情小镇。俞村镇是旌德县东部门户，定位为以红色精品旅游文化、农产品深加工为主的具有皖南特色风貌的宜居小镇。蔡家桥镇作为交通门户，是沿黄山东线以旅游服务、生态精致农业、现代工业为主的特色美食小镇。兴隆镇作为旌德北大门，定位为以旅游、现代农业为主的具有特色风情的行摄小镇、商旅福地。孙村镇是沿黄山东线以旅游服务、精致农业、现代工业为主的特色赏石小镇。云乐乡是以发展生态观光农业、灵芝养生旅游业为主导的具有皖南特色风貌的宜居之乡、灵芝小镇。版书镇有"皖南井冈红色三都"之称，以红色旅游和人文旅游产业为主、发展以现代农业为辅的旅游型县域一般镇。

## 第六节　建立健全长效管护机制

### 一　构建农村人居环境长效管护机制的重要意义

　　长效管护机制是能够长期保证制度正常运行并发挥预期功能的制度体系。长效管护机制并不是一成不变的,而是会随着外部环境的变化不断丰富、发展和完善。实施农村人居环境整治是贯彻落实习近平新时代中国特色社会主义思想的重要举措,是乡村振兴战略的重点任务,建立农村人居环境长效管护机制具有重要的现实意义。

　　建立农村人居环境长效管护机制,有利于破解环境治理反弹回潮难题。近年来持续不断的整治和管护,使得部分村镇干部产生疲于应付的心理,加上群众对农村环境的要求越来越高,农村环境治理时有反弹现象,建立长效管护机制是始终保持农村环境长治久洁的重要抓手。建立农村人居环境长效管护机制是满足人民对美好生态环境需求的关键环节。习近平总书记强调,人民对美好生活的向往就是我们的奋斗目标。延续人居环境治理成果,不仅要打通人居环境整治工作中存在的痛点和堵点,还要因地制宜建立健全长效管护机制,满足农村居民对美好生态环境的需求。建立农村人居环境长效管护机制,是坚决贯彻落实党中央决策部署的重要举措。2019年,中共中央办公厅、国务院办公厅转发了《中央农办、农业农村部、国家发展改革委关于深入学习浙江"千村示范、万村整治"工程经验扎实推进农村人居环境整治工作的报告》,报告明确提出,要坚持建管结合,健全农村人居环境管护长效机制。2020年2月3日,习近平总书记在主持中共中央政治局常务委员会会议时强调,要加强乡村人居环境整治和公共卫生体系建设。建立长效管护机制是农村人居环境治理不可或缺的环节,也是农村人居环境整治成效得以保障的重要机制。

## 二 农村环境治理管护机制现状

构建和健全管护体制机制,是全面提升农村公共设施管护水平,确保人居环境整治项目及配套设施长期稳定发挥作用,改善农村生产生活条件的关键环节。巩固人居环境治理成果,不仅要切实解决农村人居环境整治工作中存在的问题,还要因地制宜建立健全农村环境治理管护的长效机制,激发村庄和农村居民的内生动力。虽然当前农村人居环境得到较大改善,但是农村公共设施种类繁多,布局分散,功能差异明显,加上农村经济社会发展滞后,阻碍了公共设施管护机制的创新和管护体系的构建。长期以来受"重建设、轻管理"的思想影响,农村环境治理仍缺乏有效的管护机制。完善农村人居环境建设和管护机制必须从农民的实际需求出发,综合利用政策工具、市场手段,在环境基础设施建设的基础上,优化农村人居环境服务和管理,建立健全人居环境治理、管理和维护的长效机制,全面提升人居环境质量。

## 三 完善建设和管护机制的路径

长效管护机制是农村人居环境整治不可或缺的一环,管护机制也是农村人居环境整治成效得以保障的重要机制。因此,明确管护权责,建立和完善管护工作制度,加大资金投入力度,推动建立管护经费保障制度,做好管护考核,推动管护工作规范化,建设科学可行的管护长效机制是非常必要的。

### 1. 明确建设和管护权责

主体权责不清是制约农村人居环境有效管护的重要因素之一。明确农村人居环境基础设施的产权归属和责任主体,明确地方政府和职责部门及农户等主体的管护任务和责任清单,明确管护目标、管理方法、质量要求和应急保障机制等是完善和建设管护机制的重要内容。

### 2. 建立市场化运行机制

鼓励承包管护,聘请当地能人或产业项目业主,打包签订管护合同,按照集中承包的方式落实管护责任。支持社会管护,由政府或村集中向社会公开招标,通过社会化服务的形式,委托具备资质的专业管护单位或人员落实管护责任,建立专业化、市场化运行机制。鼓励农村居民参与村庄环境管护,在选聘管护人员时利用好公益性岗位,合理设置农村人居环境整治管护队伍,优先聘用符合条件的农村低收入人员,增进村民对村庄公共事务的参与感、提升村庄凝聚力和村民的归属感。

### 3. 拓宽农村人居环境管护资金的来源

目前,在人居环境基础设施建设中,资金主要依靠财政拨款。然而人居环境设施管护需要资金的持续投入,探索多渠道的筹资机制,有助于稳定人居环境管护资金投入。在强化政府责任的同时,充分发挥市场作用,积极引导各类社会资金参与农村人居环境的管护。在农村生活垃圾、生活污水和厕所粪污治理等领域引入社会资本,能够有效减轻政府财政压力。此外,尝试建立并完善乡村公共基础设施建设和管护收费制度,鼓励村民自筹经费或者鼓励有条件的村庄将部分集体经济收益用于人居环境管护。推动逐步建立农户合理付费、村级组织统筹、政府适当补助的运行管护经费保障制度,合理确定农户付费分担比例。

### 4. 要严格检查考核

严格的检查考核是增强工作动力和提升工作效率的重要抓手。制定长效管护考核办法是提升管护实效的有效手段。按月或季度开展督查考核,考核结果与长效管护资金分配挂钩。对基层管护人员实行规范化管理,统一工作程序、统一装备、统一着装、统一考核,推动日常管护工作制度化、规范化、常态化。

### 5. 持续开展村庄清洁行动,培养良好的清洁习惯

因地制宜开展以"三清一改"(清理农村生活垃圾、清理村内塘沟、清理畜禽养殖粪污等农业生产废弃物,改变影响农村人居环境的不良习惯)为重点的村庄清洁行动。抓好宣传发动、教育促动、示范带动,引导农民群众养成良好的生活习惯。结合风俗习惯、重要节日等,组织村民清洁村庄环境,通过"门前三包"等制度明确村民责任,推动村庄清洁行动制度化、常态化、长效化。推进村庄清洁行动与农村基础设施建设、产业兴旺、乡风文明、农民增收等有机结合,为乡村人居环境管护注入新动力。

总之,农村人居环境治理是一个渐进的过程,在集中治理取得阶段性成效后,更需要因地制宜,由人居环境的"建设"向"经营"转变,优化人居环境治理政策,激发村庄和村民的内生动力,激励市场主体参与人居环境的治理、管理和维护,从而推进人居环境治理走深走实。

## (四) 安庆市"四项机制"推进人居环境整治实效

安徽省安庆市为更好地推进农村人居环境整治工作,创新四项机制,提高人居环境整治实效。

一是建立市领导联系和部门帮扶工作机制。在2019年度91个省级美丽乡村中心村当中,选择32个基础条件相对薄弱的村,由32名市级领导牵头联系,96个市直单位和重点企业进行结对帮扶。结对帮扶的内容包括指导中心村开展环境整治、基础设施建设和公共服务设施建设,推

进产业发展和乡风文明建设,督促帮扶村开展村庄清洁行动,发挥部门和单位优势,通过提供项目、资金、物资和技术等方式,给予帮扶村实质性支持。

二是建立清单管理和督查调度工作机制。对农村人居环境整治"三大革命"("厕所革命""污水革命""垃圾革命")、"三大行动"(加强村庄规划编制管理、深化村庄清洁行动和推进畜禽养殖废弃物资源化利用行动)等重点任务实行清单闭环管理,市委农办每月末对各县(市、区)下达下月任务清单,各县(市、区)月末报送本月清单任务完成情况。市委农办会同市直有关单位采取针对性措施,对各县(市、区)任务完成情况进行督查。市委、市政府每月召开农村人居环境整治工作调度会,通报问题,提出整改时限和要求。

三是建立资金多渠道筹措机制。2019年市、县财政加大了农村人居环境整治资金投入,市财政年度预算安排9000万元专项用于农村人居环境整治和美丽乡村建设。太湖县财政除安排5400万元农村人居环境和美丽乡村建设专项资金外,还整合涉农资金近亿元,用于农村人居环境整治和美丽乡村建设。望江县在增加农村人居环境整治专项资金的基础上,积极争取武昌湖生态环境保护项目和华阳河流域水污染防治项目等国家专项基金1.39亿元,在全县乡镇政府驻地、农村环境整治建制村、美丽乡村中心村等人口密集村庄建设污水处理设施,强力推进农村污水治理。除争取财政投入外,安庆各地还充分发挥农民主体作用,积极引导群众参与,发动群众筹资投劳,推动农村人居环境由"政府主导"向"多方协同"转变。

四是建立培训和宣传工作机制。市委农办和市农业农村局组织举办了全市农村人居环境整治和美丽乡村建设专题培训班,各县(市、区)也多次举办了各类培训班,围绕农村人居环境整治、农村改厕技术和美丽乡村建设工作重点、难点等内容对乡村干部进行专题培训。通过开展系统培训,为高质量推进农村人居环境整治打下坚实基础。为加强信息沟通和工作交流宣传,市农业农村局建立信息报送制度,在局机关网站设立了农村人居环境整治专栏,编印了《全市农村人居环境工作简报》,建立了农村人居环境微信工作群。各县(市、区)充分利用电视、报纸、手机客户端、微信公众号、标语、宣传车、公开信等载体,开展了农村人居环境整治政策、内容和措施等方面的宣传工作,营造了浓厚氛围和强大声势。

# 第一节　解读《农村人居环境整治提升五年行动方案（2021—2025年）》

2021年12月5日，中共中央办公厅、国务院办公厅印发了《农村人居环境整治提升五年行动方案（2021—2025年）》（以下简称《五年行动方案》），并发出通知，要求各地区各部门结合实际贯彻落实。《五年行动方案》从总体要求、扎实推进农村厕所革命、加快推进农村生活污水治理、全面提升农村生活垃圾治理水平、推动村容村貌整体提升、建立健全长效管护机制、充分发挥农民主体作用、加大政策支持力度、强化组织保障九个方面做出了顶层设计。

## 一　为什么要专门出台《五年行动方案》？

这是因为自2018年《农村人居环境整治三年行动方案》（以下简称《三年行动方案》）实施以来，各地区各部门认真贯彻党中央、国务院的决策部署，全面扎实推进农村人居环境整治，扭转了农村过去存在的"脏乱差"局面，村庄环境基本实现干净、整洁、有序，农民群众的环境卫生观念发生可喜的变化、生活质量普遍提高，为全面建成小康社会提供了有力支撑。但是，我国农村人居环境总体质量水平不高，还存在区域发展不平衡、基本生活设施不完善、管护机制不健全等问题,与农业农村现代化要求和农民群众对美好生活的向往还有差距,为实现农村人居环境整治提升,专门出台《五年行动方案》。

## 二 实施《五年行动方案》要遵循什么原则?

中国幅员辽阔,地区间自然地理环境、经济发展水平和社会环境差异巨大,所以农村人居环境整治绝不能搞"一刀切",而要根据当地实际情况分类施策。但这里必须要强调的是,这种分类施策必须是在遵循一般原则的基础上因地制宜。这些总体原则包括:第一,坚持因地制宜,突出分类施策。同区域气候条件和地形地貌相匹配,同地方经济社会发展能力和水平相适应,同当地文化和风土人情相协调,实事求是、自下而上、分类确定治理标准和目标任务,坚持数量服从质量、进度服从实效,求好不求快,既尽力而为,又量力而行。第二,坚持规划先行,突出统筹推进。树立系统观念,先规划后建设,以县域为单位统筹推进农村人居环境整治提升各项重点任务,重点突破和综合整治、示范带动和整体推进相结合,合理安排建设时序,实现农村人居环境整治提升与公共基础设施改善、乡村产业发展、乡风文明进步等互促互进。第三,坚持立足农村,突出乡土特色。遵循乡村发展规律,体现乡村特点,注重乡土味道,保留乡村风貌,留住田园乡愁。坚持农业农村联动、生产生活生态融合,推进农村生活污水和生活垃圾减量化、资源化、循环利用。第四,坚持问需于民,突出农民主体。充分体现乡村建设为村民而建,尊重村民意愿,激发内生动力,保障村民知情权、参与权、表达权、监督权。坚持以地方为主,强化地方党委和政府责任,鼓励社会力量积极参与,构建政府、市场主体、村集体、村民等多方共建共管的格局。第五,坚持持续推进,突出健全机制。注重与农村人居环境整治三年行动相衔接,持续发力、久

久为功,积小胜为大成。"建管用"并重,着力构建系统化、规范化、长效化的政策制度和工作推进机制。这是今后各地进行农村人居环境整治总体上应该牢牢把握的五项原则。

**三** 作为地方政府,如何正确理解《五年行动方案》的目标?

目标的设定不是盲目的,而是根据总体原则制定的。在把握《五年行动方案》的目标时,要区分总体与个体的关系。也就是说,《五年行动方案》的目标并不唯一,适用对象是分层的。简单来说,就是在总目标下,针对不同区域,制定不同的目标。其中,总目标是到2025年,农村人居环境显著改善,生态宜居美丽乡村建设取得新进步。农村卫生厕所普及率稳步提高,厕所粪污基本得到有效处理;农村生活污水治理率不断提升,乱倒乱排得到管控;农村生活垃圾无害化处理水平明显提升,有条件的村庄实现生活垃圾分类、源头减量;农村人居环境治理水平显著提升,长效管护机制基本建立。然后,针对不同区域,方案设置了不同的目标。东部、中西部城市近郊区等有基础、有条件的地区,确定了全面提升农村人居环境基础设施建设水平,农村卫生厕所基本普及,农村生活污水治理率明显提升,农村生活垃圾基本实现无害化处理并推动分类处理试点示范,长效管护机制全面建立的目标。中西部有较好基础、基本具备条件的地区,设定了农村人居环境基础设施持续完善,农村户用厕所愿改尽改,农村生活污水治理率有效提升,农村生活垃圾收运处置体系基本实现全覆盖,长效管护机制基本建立的目标。而地处偏远、经济欠发达的地区,目标相对较低,要求实现农村人居环境基础设施明显改善,农村卫生厕所普及率逐步提高,农村生活污水垃圾治理水平有新提升,村容村貌持续改善。

**（四）《五年行动方案》在具体任务上相比《三年行动方案》有变化吗？**

与《三年行动方案》相比，《五年行动方案》在具体任务的落实上还是有变化的。首先，对于具体任务，在前期三年整治的基础上，《五年行动方案》中任务要求自然更高了、更具体了。《五年行动方案》中，农村"厕所革命"、农村生活污水治理、农村生活垃圾治理、村容村貌提升和长效管护机制建立都被单列出来，并考虑到三年整治中出现的一些问题，分别做了更加具体的要求。比如，扎实推进农村"厕所革命"，《五年行动方案》增加了一些针对性整改措施，强调了要逐步普及农村卫生厕所，切实提高改厕质量，加强厕所粪污无害化处理与资源化利用。在生活污水治理上，强调了不仅要分区、分类推进治理，还要加强农村黑臭水体治理。在生活垃圾治理上，突出减量和终端治理分类施策。减量上强调通过分类和再利用，重点探索在分类的基础上，不同方式的再利用，减少终端处理量。终端治理强调要健全生活垃圾收运处置体系。在村容村貌上，不仅针对"乱"的问题做了部署，还强调了乡村绿化美化和乡村风貌建设问题。

**（五）从长期来看，农村人居环境治理需要解决什么问题？**

从长期来看，农村人居环境整治工作中更大的挑战是治理好人居环境后的管护问题。长期管护，区域上要分私人区域和公共区域。对于私人区域，通过"门前三包"等制度明确村民责任，有条件的地方可以设立村庄清洁日等，推动村庄清洁行动制度化、常态化、长效化。对于公共区域，要明确地方政府和职责部门及运行管理单位等各行动主体的责任界限，要建立基本制度、标准、队伍、经费渠道、监督机制等人居环境长效管

护机制。利用好公益性岗位,合理设置农村人居环境整治管护队伍。明确农村人居环境基础设施的产权归属,建立健全设施建设管护标准规范等制度,推动农村厕所、生活污水垃圾处理设施设备和村庄保洁等一体化运行管护。有条件的地区可以依法探索建立农村厕所粪污清掏、农村生活污水垃圾处理农户付费制度,以及农村人居环境基础设施运行管护社会化服务体系和服务费市场化形成机制。总之,逐步建立起农户合理付费、村级组织统筹、政府适当补助的运行管护经费保障制度。

**（六）在农村人居环境治理中,农民应该发挥何种作用？如何发挥作用？**

农村人居环境治理,农民既是参与者,也是受益者,所以,必须充分发挥村民的主体作用。农民在人居环境治理中发挥作用的方式有很多:一是通过农村基层党组织,发挥领导作用和党员先锋模范作用。二是通过共青团、妇联、少先队等群团组织动员村民。三是健全村民自治机制,通过领导和引导村集体经济组织、农民合作社、村民等全程参与农村人居环境相关规划、建设、运营和管理。另外,有条件的农民合作社通过政府购买服务等方式,参与改善农村人居环境项目,农民或农民合作组织依法成立各类农村环保组织或企业,吸纳农民承接本地农村人居环境改善和后续管护工作,通过捐资捐物、结对帮扶等形式支持、改善农村人居环境。

**（七）在《五年行动方案》中,政府如何有效推动农村人居环境整治？**

一是加强财政投入保障。完善地方为主、中央适当奖补的政府投入机制,继续安排中央预算内投资,按计划实施农村"厕所革命"整村推进财政奖补政策,保障农村环境整治资金投入。地方各级政府要保障农村人居环境整治基础设施建设和运行资金,统筹安排土地出让收入用于改善农村人居环境,鼓励各地通过发行地方政府债券等方式用于符合条件的农村人居环境建设项目。县级可按规定统筹整合改善农村人居环境相关资金和项目,逐村集中建设。通过政府和社会资本合作等模式,调动社会力量积极参与投资收益较好、市场化程度较高的农村人居环境基础设施建设和运行管护项目。

二是创新完善相关支持政策。做好与农村宅基地改革试点、农村乱占耕地建房专项整治等政策衔接,落实农村人居环境相关设施建设用地、用水用电保障和税收减免等政策。在严守耕地和生态保护红线的前提下,优先保障农村人居环境设施建设用地,优先利用荒山、荒沟、荒丘、荒滩开展农村人居环境项目建设。引导各类金融机构依法合规对改善农村人居环境提供信贷支持。落实村庄建设项目简易审批有关要求。鼓励村级组织和乡村建设工匠等承接农村人居环境小型工程项目,降低准入门槛,具备条件的可采取以工代赈等方式。

三是推进制度规章与标准体系建设。鼓励各地结合实际开展地方立法,健全村庄清洁、农村生活污水垃圾处理、农村卫生厕所管理等制度。加快建立农村人居环境相关领域设施设备、建设验收、运行管护、监测评估、管理服务等标准,抓紧制定、修订相关标准。大力宣传农村人居环境相关标准,提高全社会的标准化意识,增强政府部门、企业等依据标准开展工作的主动性。依法开展农村人居环境整治相关产品质量安全监管,创新监管机制,适时开展抽检,严守质量安全底线。

四是加强科技和人才支撑。将改善农村人居环境相关技术研究创新列入国家科技计划重点任务。加大科技研发、联合攻关、集成示范、推广应用等力度,鼓励支持科研机构、企业等开展新技术、新产品研发。围

绕绿色低碳发展,强化农村人居环境领域节能节水降耗、资源循环利用等技术产品的研发和推广。加强农村人居环境领域国际合作交流。举办农村人居环境建设管护技术产品展览、展示。加强农村人居环境领域职业教育,强化相关人才队伍建设和技能培训。继续选派规划、建筑、园艺、环境等行业相关专业技术人员驻村指导。推动全国农村人居环境管理信息化建设,加强全国农村人居环境监测,定期发布监测报告。

## (八) 在组织保障方面,各级政府又应该如何做?

农村人居环境整治是一项复杂而又长久的工作,所以,强有力的组织建设对于顺利完成《五年行动方案》必不可少。

第一,要加强组织领导。把改善农村人居环境作为各级党委和政府的重要职责,结合乡村振兴整体工作部署,明确时间表、路线图。健全中央统筹、省负总责、市县乡抓落实的工作推进机制。中央农村工作领导小组统筹改善农村人居环境工作,协调资金、资源、人才支持政策,督促推动重点工作任务落实。有关部门要各司其职、各负其责,密切协作配合,形成工作合力,及时出台配套支持政策。省级党委和政府要定期开展研究本地区改善农村人居环境工作,抓好重点任务分工、重大项目实施、重要资源配置等工作。市级党委和政府要做好上下衔接、域内协调、督促检查等工作。县级党委和政府要做好组织实施工作,主要负责同志当好一线指挥,选优配强一线干部队伍。将国有和乡镇农(林)场居住点纳入农村人居环境整治提升范围统筹考虑、同步推进。

第二,要加强分类指导。顺应村庄发展规律和演变趋势,优化村庄布局,强化规划引领,合理确定村庄分类,科学划定整治范围,统筹考虑主导产业、人居环境、生态保护等村庄发展。集聚提升类村庄重在完善人居环境基础设施,推动农村人居环境与产业发展互促互进,提升建设管护水平,保护保留乡村风貌。城郊融合类村庄重在加快实现城乡人居环境基础设施共建共享、互联互通。特色保护类村庄重在保护自然历史文化特色资源、尊重原住居民生活形态和生活习惯,加快改善人居环境。"空心村"、已经明确的搬迁撤并类村庄不列入农村人居环境整治提升范围,重在保持干净整洁,保障现有农村人居环境基础设施稳定运行。对一时难以确定类别的村庄,可暂不作分类。

第三,完善推进机制。完善以质量实效为导向、以农民满意为标准的工作推进机制。在县域范围开展美丽乡村建设和美丽宜居村庄创建推介,以示范带动整体提升。坚持先建机制、后建工程,鼓励有条件的地区推行系统化、专业化、社会化运行管护,推进城乡人居环境基础设施统筹谋划、统一管护运营。通过以奖代补等方式,引导各方积极参与,避免政府大包大揽。充分考虑基层财力可承受能力,合理确定整治提升重点,防止加重村级债务。

第四,要强化考核激励。将改善农村人居环境纳入相关督查检查计划,检查结果向党中央、国务院报告,对改善农村人居环境成效明显的地方持续实施督查激励。将改善农村人居环境作为各省(自治区、直辖市)实施乡村振兴战略实绩考核的重要内容。继续将农业农村污染治理存在的突出问题列入中央生态环境保护督察范畴,强化农业农村污染治理突出问题监督。各省(自治区、直辖市)要加强督促检查,并制定验收标准和办法,到2025年底,以县为单位进行检查验收,检查结果与相关支持政策直接挂钩。完善社会监督机制,广泛接受社会监督。中央农村工作领导小组按照国家有关规定对真抓实干、成效显著的单位和个人进行表彰,对改善农村人居环境突出的地区予以通报表扬。

第五,营造良好的舆论氛围。总结宣传一批农村人居环境改善的经验做法和典型范例。将改善农村人居环境纳入公益性宣传范围,充分借

助广播电视、报纸杂志等传统媒介,创新利用新媒体平台,深入开展宣传报道。加强正面宣传和舆论引导,编制创作群众喜闻乐见的解读材料和文艺作品,增强社会公众认知,及时回应社会关切。

## ▶ 第二节　解读《农业农村污染治理攻坚战行动方案(2021—2025年)》

2022年1月19日,生态环境部联合农业农村部、住房和城乡建设部、水利部、国家乡村振兴局制定发布《农业农村污染治理攻坚战行动方案(2021—2025年)》(以下简称《攻坚战行动方案》),要求各地贯彻执行。《攻坚战行动方案》从总体要求、主要任务、保障措施三个方面对深入打好农业农村污染治理攻坚战做出了顶层设计。

### 一　为什么要制定《攻坚战行动方案》?

我们都知道,农业农村环境污染问题是农村人居环境整治提升过程中的关键问题。制定该方案对推动农业农村绿色低碳发展、履行生物多样性公约、加强农村生态文明建设具有重要意义,也是贯彻落实《五年行动方案》的重要举措。

### 二　《攻坚战行动方案》和《五年行动方案》在目标上有什么异同?

《攻坚战行动方案》的目标相比较《五年行动方案》而言,既有相同点,也有差异。相同点在于层次上类似,既包括总体目标,也包括分目标。不同点在于《攻坚战行动方案》在具体目标上非常详尽,而且大部分设置了可量化的指标,比如,规定了新增完成80000个行政村环境整治,农村生活污水治理率达到40%,基本消除较大面积农村黑臭水体;化肥农药使用量持续减少,主要农作物化肥、农药利用率均达到43%,农膜回收率达到85%;畜禽粪污综合利用率达到80%。

### 三 《攻坚战行动方案》具体要完成哪些任务?

《攻坚战行动方案》的主要任务,可以从生产端和生活端两个方面概括。

生产端主要解决化肥农药污染、农膜污染和养殖污染的问题。首先,化肥农药要实施减量增效行动。聚焦我国两大重点区域——长江经济带和黄河流域重点区域,明确化肥减量增效技术的路径和措施。其次,深入实施农膜回收行动。落实严格的农膜管理制度,加强农膜生产、销售、使用、回收、再利用等环节的全链条监管,持续开展塑料污染治理联合专项行动。再次,要加强养殖业污染防治,推行畜禽粪污资源化利用。

生活端的任务主要包括以下几个方面。一是加快推进农村生活污水垃圾治理。分区分类治理生活污水。以解决农村生活污水等突出问题为重点,提高农村环境整治成效和覆盖水平。二是加强农村改厕与生活污水治理衔接。科学选择改厕技术模式,宜水则水、宜旱则旱。三是健全农村生活垃圾收运处置体系。在不便于集中收集处置农村生活垃圾的地区,因地制宜采用小型化、分散化的无害化处理方式,降低设施建设和运行成本。完善日常巡检机制,严厉查处在农村地区饮用水水源地周边、农村黑臭水体沿岸随意倾倒、填埋垃圾的行为。当然,最有效的一点还是推行农村生活垃圾分类减量与利用。加快推进农村生活垃圾分类,探索符合农村特点和村民习惯、简便易行的分类处理方式,减少垃圾出村处理量。另外,对于已经形成的农村黑臭水体要加强整治。要明确

整治重点,系统开展整治,推动"长治久清"。

**（四）** 为更好地打赢农业农村污染治理攻坚战,我们采取了哪些保障措施?

总体来看,农业农村污染治理工作难度非常大,为此,国家从组织、政策、监测和考核方面加强保障,以确保攻坚战顺利完成。首先,在组织领导方面,生态环境部联合农业农村部、住房和城乡建设部、水利部、国家乡村振兴局等部门,加强信息共享、定期会商、督导评估,强化"一岗双责"、齐抓共管,协同推进攻坚战。其次,强化政策保障。地方各级财政落实农业农村污染治理支出责任,保障重点任务实施。发挥中央农村环境整治资金等政策引导效应,加强资金绩效管理,支持解决农村环境突出问题,推动农村人居环境保护。再次,强化监测监控。强化监督考核机制,保障农业农村污染治理顺利进行。

## ▶ 第三节　解读《安徽省"十四五"农村人居环境整治提升行动实施方案》

2022年4月25日,中共安徽省委办公厅、安徽省人民政府办公厅经中共安徽省委、安徽省人民政府同意,印发《安徽省"十四五"农村人居环境整治提升行动实施方案》(以下简称《安徽省行动实施方案》),要求安徽省各市、县委,各市、县人民政府,省直各单位,各人民团体结合实际认真贯彻落实。《安徽省行动实施方案》根据《五年行动方案》精神,结合本省实际情况,从总体要求、扎实推进"三大革命"、深入推进"三大行动"、建立健全长效建设管护机制、加大政策支持力度、强化组织保障六个方面做出了本地化的顶层设计。

## 一 为什么要制定《安徽省行动实施方案》?

中共中央办公厅、国务院办公厅印发的《五年行动方案》是一份全国性的实施方案。正如该方案中指导原则所指出的,要坚持因地制宜,突出分类施策,同区域气候条件和地形地貌相匹配,同地方经济社会发展能力和水平相适应,同当地文化和风土人情相协调,实事求是、自下而上、分类确定治理标准和目标任务,坚持数量服从质量、进度服从实效,求好不求快,既尽力而为,又量力而行。为更好地结合安徽省的实际情况,需要在全国性的行动实施方案的基础上,制定出符合安徽省情的行动方案。正是在这种情况下,安徽省制定了《安徽省行动实施方案》。

## 二 《安徽省行动实施方案》与国家制定的《五年行动方案》在目标上有差异吗?

《安徽省行动实施方案》在目标上总体与国家《五年行动方案》基本一致,但《安徽省行动实施方案》制定的目标充分考虑了安徽的省情,更加具体、可量化。在目标中,不仅设定了到2025年,全省农村人居环境显著改善,村庄基础设施逐步优化,村容村貌全面提升,长效管护机制有效建立,还具体规定了改造提升农村卫生厕所138万户以上,新建农村改厕与长效管护机制提升县(市、区)80个以上,完成3400个以上行政村生活污水治理任务,农村生活污水治理率达到30%,农村生活垃圾无害化处理率达到85%。

另外,对于不同地区,按乡村振兴水平不同,《安徽省行动实施方案》设置了不同的目标。对于乡村振兴先行示范区,要全面提升农村人居环境基础设施建设水平,全面建立长效管护机制,农村卫生厕所基本普及,农村生活污水治理率明显提升,农村生活垃圾就地资源化利用水平进一步提高;对于乡村振兴正常推进区,要持续完善农村人居环境基础设施,基本建立长效管护机制,农村户用厕所愿改尽改,农村生活污水治理率有效提升,农村生活垃圾收运处置体系全覆盖。对于乡村振兴持续攻坚区,要使农村人居环境基础设施明显改善,农村卫生厕所普及率稳步提高,农村生活污水治理水平有新提升,农村生活垃圾无害化处理率进一步提高,村容村貌持续改善。而对于乡村振兴正常推进区中的皖北地区,则给予了极大的调整空间,没有采取强行推进,只是规定可参照攻坚区标准,合理确定目标任务。目标充分体现了实事求是的工作作风。

### (三) 《安徽省行动实施方案》具体整治对象包括哪些?

《安徽省行动实施方案》具体整治对象体现在"三大革命"和"三大行动"上。"三大革命"分别是"厕所革命""污水革命"和"垃圾革命"。"三大行动"分别是加强村庄规划编制管理、深化村庄清洁行动和推进畜禽养殖废弃物资源化利用行动。

### (四) 安徽省在建立长效机制方面做出了哪些努力?

首先,强化基层组织作用。充分发挥农村基层党组织领导作用和党员先锋模范作用及共青团、妇联、少先队等群团组织作用,尊重农民群众的主体地位和首创精神。

其次,强化群众主体作用。鼓励各地在修订村规民约过程中将村庄环境卫生等内容纳入其中。充分发挥公共卫生委员会作用,广泛开展爱国卫生运动,普及环境卫生和健康知识。将转变农民思想观念、推行文明健康生活方式作为农村精神文明建设的重要内容。将改善农村人居环境纳入各级农民教育培训内容。

再次，健全农村人居环境长效管护机制。明确市、县(市、区)政府和职责部门、运行管理单位责任，基本建立有制度、有标准、有队伍、有经费、有监督的农村人居环境长效管护机制。

**（五）安徽省在政策支持方面有何行动？**

首先，在政策上解决资金的问题。主要是健全投融资机制，完善政府投入保障体系。继续争取中央预算内投资，实施农村人居环境整治整县推进项目。在省级层面，省级财政要继续统筹安排资金支持农村人居环境整治提升。市县政府要建立与乡村振兴相匹配的投入机制，并确保"十四五"全省农村人居环境整治提升投入水平不低于"十三五"。统筹安排土地出让收入用于改善农村人居环境。支持县级按规定统筹整合相关资金，用于农村人居环境整治提升。除保证各级政府的资金投入外，还要发挥财政资金的引导撬动作用。通过政府和社会资本合作、政府购买服务等方式，依法合规吸引社会资本、金融资本投入。另外，引导政策性银行积极发挥作用，加大对农村人居环境整治提升支持力度。总之，乡村人居环境需要巨量资金支持，不仅需要政府财政投入，还需要借助其他资金力量。

其次，完善政策性保障。要做好与农村宅基地改革试点、农村乱占耕地建房专项整治等政策衔接，落实农村人居环境相关设施建设用地、用水用电保障和税收减免等政策。在严守耕地和生态保护红线的前提下，优先保障农村人居环境设施建设用地，优先利用荒山、荒沟、荒丘、荒滩开展农村人居环境项目建设；对确需占用农用地的，各地要在新增建设用地计划中优先予以保障，依法办理农用地转用审批手续。按照有关规定，简化农村人居环境整治项目审批程序。鼓励村级组织和乡村建设工匠等承接农村人居环境小型工程项目，降低准入门槛，具备条件的可

采取以工代赈等方式。

再次,推进制度规章与标准体系建设。鼓励各市探索开展立法,健全村庄清洁、农村生活污水垃圾处理、农村卫生厕所管理等制度。大力宣传农村人居环境相关标准,鼓励各地结合实际制定地方标准。依法开展农村人居环境整治提升相关产品质量安全监管,适时开展抽检。

最后,加强科技和人才支撑。围绕科技强农、机械强农,将改善农村人居环境相关技术和设施设备的研究创新,列入省级科技计划项目指南。加大新技术和新产品的研发与推广应用。加强农村人居环境领域职业教育,强化相关人才队伍建设和技能培训。推动农村人居环境管理信息化建设,定期发布监测报告。

## (六) 安徽省如何加强组织保障?

首先,加强省委农村工作领导小组、相关职能部门、市级党委和县级党委四个方面的组织领导。其中,省委农村工作领导小组统筹改善农村人居环境工作,协调资金、资源、人才支持政策,督促推动重点工作任务落实。有关部门要各司其职、各负其责,密切协作配合,形成工作合力,及时出台配套支持政策。市级党委和政府要做好上下衔接、域内协调、督促检查等工作。县级党委和政府要做好组织实施工作,主要负责同志当好一线指挥,选优配强一线干部队伍。

其次,在加强领导机制建设的基础上,还要落实推进机制和宣传机制,从过程管理上保证人居环境工作能够顺利推进。在推进机制上,优先安排村"两委"班子强、群众积极性高的村实施农村人居环境整治提升项目,把这些项目打造成示范点、标杆点,以此引导和推进其他村的人居环境整治工作。推进城乡人居环境基础设施统筹谋划、统一管护运营。通过以奖代补等方式,鼓励引导社会各界积极参与,充实人居环境整治工作力量,避免政府大包大揽。同时,在实施过程中,必须考虑基层财力可承受能力,合理确定整治提升重点,量力而行,防范村级债务风险。在宣传机制上,将农村人居环境改善纳入公益性宣传范围,总结宣传示范点和标杆点的经验做法,加强正面宣传和舆论引导,营造全社会关心、支持农村人居环境整治提升的良好氛围。

再次,对实施效果要进行考核激励。省委农村工作领导小组按照有关规定对真抓实干、成效显著的单位和个人进行褒扬激励,对改善农村人居环境突出的地区予以通报表扬。具体而言,要将改善农村人居环境工作列入乡村振兴战略实绩考核、省政府目标管理绩效考核,将农业农村污染治理存在的突出问题列入省级环保督察范畴。加强督促检查,制定省级验收标准和办法,到2025年底,以县为单位进行检查验收,检查结果与相关支持政策直接挂钩,对改善农村人居环境成效明显的实施督查激励。

下篇
项目案例篇

# 第五章　新农村人居环境治理典型案例

## ▶ 第一节　"微治理—低成本"的汪桥模式

### 一 汪桥村简介

汪桥村隶属于安徽省巢湖市柘皋镇,位于巢湖市柘皋镇东部,属丘陵山区。全村共有810户,2860余人,18个自然村,22个村民组。全村总面积约10平方千米,村东部有9000余亩山场和小二型水库3座。小溪南北贯穿于村庄中。植被以红叶林、阔叶林为主。动物以猪、牛、羊、鸡、鸭、鹅等家畜家禽为主,东北山中有獐、兔等野生动物,少有水旱灾害,无其他灾害。村庄村民主要聚集在村南和村西,靠近柘皋镇的方位,交通便捷。农作物主要分布在水库下游,便于农田灌溉。

汪桥村建村500多年,房屋建筑延续江淮徽式风格,并带有地方特色的石墙和水上房屋,别具特色。汪桥村是一块具有光荣革命传统的土地,是抗日战争时期的县委驻地,其间数千汪桥儿女为中国革命献出了自己宝贵的生命。

自古都说"靠山吃山,靠水吃水"。汪桥村位于双河口水库下,背靠大山,近年来经过绿化造林和退耕还林,现林木茂密,绿荫成片。占地2000余亩的光伏山场,不仅给汪桥村带来经济效益,也成为一道靓丽的风景。汪桥村靠山面水,自然环境优美,山中的土特产品种多样,鲜美可口,给村民带来了较为可观的经济收益。汪桥豆腐、汪桥茶干、香木瓜、野山茶、板栗、山枣、山里红、草莓、桃、李、葡萄等多种具有本土特色的旅游产品深受广大游客的青睐。

近年来,汪桥村在柘皋镇党委的领导下,坚持"绿水青山就是金山银山"的建设理念,顺应广大农民对过上美好生活的期待,以汪桥中心村为主体,以"五清一改"为主攻方向,不断提升新农村人居环境。

## 二 主要做法

### 1. 开展群众参与式规划,赢取村民支持

汪桥村在村庄规划编制的过程中,多次进行现场调研、村民访谈、村代表会议、问卷调查等,广泛征求村民意见,以"五清一改"为主攻方向,统筹抓好环境整治、垃圾治理、卫生改厕、雨污分流、道路建设,开展村庄美化、绿化、亮化,不断完善公共设施。

### 2. 渐进式微改造,推进人居环境各项任务

汪桥村在建设过程中始终坚持不搞大拆大建,尽量保留古迹风貌,能不拆除的老舍古居尽量维修,在提升人居环境的同时,保留最原始的农村特色。在美丽乡村建设过程中,汪桥村累计改造、硬化道路17.53千米,安装太阳能路灯225盏,新建公厕4座,改造旱厕210余座,建设日处理50吨的一体化污水处理站2座,完成电网改造,4G网络覆盖率达100%。

自2017年农村生活污水治理工作开展以来,汪桥村积极践行绿色发展理念,把农村生活污水治理这项民心民生工程作为重点治理项目来抓,因地制宜,做好清水绕村、臭水沟治理、排水沟清淤等整治工作,全面完善农村生活污水治理,共改造污水管道1121米,修筑盖板沟296.4米,

实现雨污分流,修筑雨水边沟3842.5米,全村污水处理率达85%。通过污水治理工作,实现汪桥集水变干净、塘归清澈、重塑乡村水韵,倒逼农村生产方式、生活方式、建设方式转型升级,加快建设天更蓝、水更清、地更净、空气更清新的美丽新汪桥。

在美丽乡村建设的过程中,汪桥村对所有旱厕进行了卫生改厕,改厕率达到100%。根据建设要求,汪桥村新建公共厕所4座,改厕及污水处理设施总投入110万元。通过改厕,全村消除了露天粪坑和简易茅厕,公厕有专人日常维护,达到通风、除臭、卫生、清洁标准,彻底改善了居民如厕条件和生活环境。

生活垃圾收集与处理,不仅是农村人居环境整治的重难点问题,也是美丽乡村建设过程中,村民迫切需要得到妥善解决的问题。为此,在规划建设的过程中,经过不断地实地考察和走访群众,汪桥村在村内共设置垃圾分类收集点8处,由垃圾清理车定时定点收集垃圾。同时,施行垃圾分类责任到户,每户门前设置2个垃圾桶,分为可腐烂垃圾收集桶和不可腐烂垃圾收集桶,村内共设置2处垃圾中转收集点,每处中转收集点分四类中转收集,分别是可腐烂垃圾收集桶、可回收垃圾收集桶、其他垃圾收集桶、有害垃圾收集桶,并设置3个1100升垃圾中转收集桶。此外,汪桥村还在农民文化广场设置了全自动废品回收站设备,村民可以通过投放可回收废品进行积分,再使用积分在自动售货机上兑换物品,以此鼓励村民更加积极地参与垃圾分类收集工作。在大家的共同努力下,汪桥村垃圾分类收集工作开展得井然有序。

## 三 经验总结

### 1. 发挥"五老"余热,自我管理

在汪桥村党总支的牵头下,村里的"五老"人员组成建设理事会。平

均年龄为 63 岁的 13 名成员,在村庄规划、拆旧建新、修路改水、移风易俗等方面发挥了重要作用,充分调动了全村居民的积极性,走出了一条群众自我管理、自我监督、自我服务的新路子。

### 2. 保留原始风貌,留住乡愁

在美丽乡村建设中,许多危旧老房子严重影响了美丽乡村建设,拆旧立新的情况非常多,但汪桥村主张尽量保留古迹风貌,能不拆除的老舍古居尽量维修。现在的清末民居、老供销社、抗日战争期间巢县县委驻地都很好地保存了下来,保留了汪桥村的历史风貌。

### 3. 充分废物利用,降低成本

破旧的猪圈牛舍在美丽乡村建设中是要被拆除的,产生的废料很多,运输出去的成本非常高。村委会和理事会经过研究决定将这些砖石瓦砾砌成围墙,将一些老物件摆放整齐,在坛坛罐罐里栽种花草,形成了一个个汪桥特色,又减少了运输成本,一举两得。

## ▶ 第二节 "发展中保护"的杨亭模式

### 一 杨亭村简介

杨亭村,坐落于安徽省安庆市宜秀区大龙山北麓,辖区面积 12 平方千米,全村有 903 户,3374 位村民,33 个村民组。全村拥有 1.5 万亩(1 亩≈666.67 平方米)山场资源,占辖区总面积的 85%;耕地仅 2560 亩,人均不到0.8 亩,且多为荒山坡地梯田。杨亭村自 2005 年划归宜秀区管辖以来,按照省、市、区关于推进新农村建设、秀美乡村建设、美好乡村建设到美丽乡村建设的决策部署,积极抢抓行政区划调整新机遇,科学确立城市远

郊发展新定位,不断开创乡村振兴新气象,获得了安徽省"先进基层党组织"、"先进集体"、"五个好"村党组织标兵、"巾帼示范村"、"百佳生态示范村"、水环境优美乡村、森林村庄、特色景观旅游名村、美丽宜居示范村庄、休闲农业特色小镇、森林康养基地、美丽茶村和美丽乡村建设重点示范村等荣誉,2015年、2016年又先后获得中国美丽休闲乡村、中国美丽宜居示范村庄荣誉,2019年、2021年分别获得国家级森林乡村、中国生态文化村等荣誉。

## 二 主要做法

### 1. 抓"一池三清六改",改善村民居住环境

为改善村民居住环境,杨亭村抢抓新农村建设、秀美乡村建设、美好乡村和美丽乡村建设,以"一池三清六改"(建沼气池,清柴堆、清垃圾、清路障,改路、改水、改圈、改厕、改厨、改院)为重点,以"点成盆景、线成风景、面成靓景"为目标,大力推进农村人居环境整治,切实提高村民生活质量。按照"统一规划、量力而行、分步实施"的原则,2006年开始,杨亭村以邱桥、高佳、张祠、奋冲、张冲5个村民组为示范片,累计筹资2000多万元进行集中整治,建成沼气池120口,改标准化厨房140户,户户通水泥路150户,逐步实现村庄亮化、道路硬化、庭院美化、厨房清洁化、猪圈厕所标准化。

### 2. 利用自然资源,提升人居环境

杨亭村地处风景秀丽的大龙山国家森林公园,是典型的浅山丘陵地区。为保护好山水资源,杨亭村秉持生态发展理念,因地制宜、依山就势、融合自然,在美丽乡村建设中不推山、不砍树、不填塘、不毁古建筑,切实做到含山纳水、显山露水、依山傍水,大力建设"村在林中、院在树中、人在绿中"的优美生态环境,保护农村田园风光和自然风貌。

### 3. 发展新业态,实现杨亭村人居环境美化

杨亭村外出务工、经商人员较多,不少土地、山场被废弃。经过近几年来的大力培育和发展,杨亭村着力发展远郊型特色农业,通过流转土地、山场发展都市农业、康养产业、乡村旅游业,迈上了生态农业、休闲农业、观光农业的发展之路,实现了田园变花园,山场变果园、林园,农房变客房,农产品变旅游产品。此外,杨亭村以"中国秀园"项目为抓手,打造了"四季有花、四季有果、四季有景、四季有客"的全国休闲农业精品园区和国家级科技园区。

## 三 经验总结

### 1. 坚持解放思想,积极抢抓机遇

杨亭村对改善人居环境见事早、行动快,千方百计找项目、争支持,从而不断破解"发动难、整治难、保持难、推动难"四个难题,赢得诸多发展先机。

### 2. 坚持因地制宜,发挥比较优势

人居环境整治工作必须有产业支撑才能持久。杨亭村立足自然资源、环境优势和人文特色,把特色放大,让特色形成自己的比较优势。围绕城市远郊的比较优势,依托城市、围绕城市,长期坚持以发展有机茶产业为龙头,致力发展生态农业、观光农业、精品农业,为城市服务,接受城市辐射,具有典型的城市"后花园"特征。这种坚持因地制宜、精准定位、发挥优势,宜工则工、宜农则农、宜游则游、宜居则居的准确定位,坚持了科学发展之路。

### 3. 坚持整合资源,汇聚各方力量

农村人居环境整治是一项系统工程,需要整合集中各方资源力量、协同推进。杨亭村的建设和发展,离不开各有关方面的大力支持。特别

是在开展村庄整治工作中,各级有关部门给予杨亭村重要的组织保障。杨亭村实践的重要启示在于,各级、各部门都要根据自身职能,自觉将部门工作和服务向农村延伸,积极投身乡村环境整治工作中。特别是要引导各类建设项目向美丽乡村建设点、中心村倾斜和集聚,促进项目集成与配套,形成共同推进美丽乡村建设的强大合力。

## ▶ 第三节 "保护中发展"的鲁家模式

### 一 鲁家村简介

　　鲁家村位于浙江省安吉县递铺镇东北部,距离县城5千米,东邻昆铜乡梓坊村,南接本镇南北庄村,西连本镇马家村,北邻溪龙乡横杜村。鲁家村面积16.7平方千米,全村现有610户,2200人。虽然地处安吉城郊,交通便捷,但七年前的鲁家村是一个典型的落后村、薄弱村。一是穷,村集体收入只有1.8万元。这里没资源、没产业,负债累累。二是脏,村里到处是泥巴路、土坯房,房前屋后还有臭茅坑。全村没有一个垃圾桶,一到梅雨天,村道污垢不堪。当地母亲河鲁家溪里满是垃圾,碰到连续大雨经常发洪水。三是逐渐空心化。大部分人都外出打工,农田、山林荒废不少。在外闯出名堂的人有很多,但愿意回来的人很少,形成恶性循环,村庄日渐衰败。

　　经过不懈努力,现今的鲁家村一跃成为全国样板村。原先的泥巴路、土坯房、负债的乡村变成了美丽乡村,美丽乡村经济模式初步成型。2017年,鲁家村入围全国首批15个国家田园综合体实验点项目。

## 二　主要做法

"脏乱差"的农村不但吸引不了人,还会使年轻人想尽一切办法离开。没有人,建设美丽乡村就无从谈起。鲁家村深刻地认识到环境治理是美丽乡村建设的先决条件。

### 1. 硬手段治理生产端环境污染问题

为解决环境污染问题,鲁家村先从企业入手。鲁家村争取财政投入,对污染企业进行强制治理。一方面,对所有环境违法行为,一律依法顶格处罚;对恶意违法排污的,一律责令停产停业;对拒不停产停业的,一律依法断水断电;对涉嫌犯罪的,一律移送公安机关;对连续发生污染问题、造成恶劣影响的地区,一律实行挂牌督办。另一方面,联合多部门介入评估机制,严控新生污染源。多部门包括县发改委、经贸委、环保局、国土局、建设局、工商局、水利局七个部门及项目归属的主要职能部门,每一个项目建设审批,必须先经所有部门评估,以环保为首,实行环保一票否决制,从而确保村内建设项目在污染源头上得到控制。

### 2. 软手段治理生活端环境问题

对于村庄内生活方面的环境问题,鲁家村的村干部通过各种软手段对农村"脏乱差"的问题进行整顿。整顿初期,放在路边的垃圾桶成了摆设,一些人还是把垃圾往路上扔、往河里倒。针对这种情况,村干部另谋新路,雇保洁员,选妇女队长监督,建污水管道……此外,对那些影响村容村貌、卫生状况极差的简易厕所、破烂草屋和违章建筑进行拆除。但是对于村干部提出的整改要求,一些村民意见很大,甚至把上门劝说的村干部赶出家门。村干部一次不行两次,两次不行三次,用实际行动和耐心获得了村民们的信任。

### 3. 环境保护中实现经济发展

光有好环境还不够,想要可持续发展,"造血功能"必不可少,这就得植入新业态。2013年,中央一号文件首提家庭农场,这为鲁家村的发展提供了新的思路,村里有1万多亩低丘缓坡,发展家庭农场再合适不过了。

怎么把美丽乡村和家庭农场结合起来?鲁家村出资300万元,聘请高端专业团队,按4A级景区标准,对全村进行综合规划和设计。鲁家村设置18个家庭农场,根据区域功能划分,量身定制各自的面积、风格、位置、功能等,并制作成幻灯片,让村民对村里未来的发展一目了然。很快,18个农场主纷至沓来,累计投资超过了20亿元。

面对农场建起来后如何经营的问题,鲁家村坚持让专业的人做专业的事。2015年1月,村里与浙北灵峰旅游公司签订协议成立新的旅游公司,由对方出资2500万元建设游客中心、火车站,购买小火车、电瓶车等,占51%股份;村里负责火车轨道、电瓶车道、绿道、绿化、水环境建设等,占股49%。村里的建设项目资金是通过争取各种项目而获得的,村里将股份按村民人数均分并发了股权证。如今的鲁家村,一列小火车将18个家庭农场串连成一个大景区,不仅人居环境得到了提升,农民的经济收入也得到了保证。

## 三 经验总结

### 1. 重视能人回乡的作用

安吉县多次召开"能人回乡"微峰会。其中,鲁家村的村党委书记就是在老支书的号召下回村创业的。这些回乡创业的能人还利用自己的关系,动员在外创业成功的鲁家村能人为鲁家村集资,解决发展初期资金短缺的问题。

## 2. 正确处理环境保护和经济发展的关系

改变村容村貌,发展生态经济,形成经济发展和人居环境改善良性互动的局面。首先,变村庄为景区。2012年起,在村党支部的带领下,鲁家村抓住美丽乡村精品示范村创建的契机,突破传统农村点状建设、局部发展的思路,确立了建设全国首个家庭农场集聚区和示范区的发展定位。同时,结合农旅融合的产业发展定位,搭建"村党支部+公司+特色农场"的经营模式,完成鲁家湖、游客集散中心、文化中心、体育中心"一湖三中心"的基础设施建设,并开通一列全长4.5千米的观光火车,环线串联起18个农场,组合成不收门票、全面开放的4A级景区,打造"中国乡土乐园,安吉现象"的观光园。

## 3. 千方百计汇集各种资源

努力汇集各种资源,实现人居环境可持续改善。鲁家村立足山、水、林、田、湖等优质的自然资源优势,经聚集的家庭农场点睛,并通过休闲农业和乡村旅游产业放大,使原本熟睡的资源快速变为建设的资本,流转土地7000亩,为每户村民带来每年8000元左右的收入。在着力转变以往美丽乡村建设负债式投入上,鲁家村将所有投入的上级部门项目资金及美丽乡村建设补助资金全部转化为资本,与引进的旅游公司按投入分别占股,享受旅游收入分成。鲁家村还邀请在外创业人员回乡创业,发挥创业致富领头羊的作用,目前全村18个农场主有9个为本地村民,其中5个为党员创业户。一部分农户变农民为股民,采取资金、土地、农房入股的形式,参与农场建设和开发,享受年底分红。2011年前,75%的青壮年以外出务工为主,如今,随着鲁家村田园农场的发展,600余名外出务工村民上演"返村潮",职业农民、职业经理等已经成为鲁家村发展的新主角。

## ▶ 第四节 "数字技术推动"的五四村模式

### 一 五四村简介

五四村位于浙江省德清县国家级风景名胜区莫干山山麓,因1954年春,毛泽东同志在杭州参加新中国第一部宪法修订,会议期间赴莫干山考察途经此地,故名五四村。五四村村域面积5.61平方千米,总人口约1500。

### 二 主要做法

#### 1. 建立数字账本,提升村庄规划水平

五四村充分利用由德清县大数据局提供的时空信息云平台,推动本村规划数字化,实现村庄家底心中有数。五四村以电子地图、遥感影像、三维实景地图等空间数据为基底,整合自然资源、农业、水利、民政等各部门数据,并纵向对比展示村庄地理信息的历史影像,构建五四村数字账本,立体化展示村庄山、水、林、田、湖、草规划全貌,使村庄自然资源数量、空间布局及开发利用情况清晰明了。数字化村庄账本大大提升了五四村规划的科学性和适应性。

#### 2. 利用数据程序,实现村庄人居环境精准管理

五四村利用数据程序,通过物联网实时收集污水处理、空气质量、垃圾分类等人居环境数据,分析公共基础设施运行状态,实现运行设备故障自动警报,实现对人居环境的感知设备和村民活动的精准监测、分析和管理,有效督促、引导村民参与村庄人居环境治理和维护。比如,在生

活垃圾处理上,五四村以前在推行垃圾分类时,主要依赖村干部挨家挨户检查村民垃圾桶。这种做法既耗时又耗力,而且村干部与村民之间容易产生矛盾。为提高村庄生活垃圾的处理能力,五四村利用科技,给每只垃圾桶配备芯片,实现了生活垃圾处理数字化、智能化、简易化。现在谁家的垃圾桶产生多少垃圾,在垃圾车上一扫码就知道,还可以通过拍照片,检查垃圾桶里的垃圾分类是否合格,记录每户村民的垃圾分类积分情况,接受村里所有村民的监督。这些村级数据每天都会在镇级平台上公布,大大提高了生活垃圾处理的效率。

### 3. 科技赋能农村产业,在发展中实现人居环境提升

除了乡村治理和村民生活上的智能化,五四村还在产业发展上通过科技赋能,减少污染,提升人居环境。五四村大力引进无土栽培技术用于培植经济作物,依靠智能系统控制水肥、湿度、温度等,控制产品质量,精准灌溉、封闭环境种植,大大减少了污染和灾害。在水产养殖发展上,五四村倡导内循环养殖模式,建设循环流水养殖,进行高密度养殖。在这种养殖模式下,池塘中的水体一直保持流动,不仅可以使鱼儿保持逆流游泳的姿态,还能在静水池塘中实现流水养鱼的效果。同时,科技赋能的高密度循环水养殖设施,就像工业生产线一样,从鱼苗到成品鱼的养殖主要由设备来完成,不但节省人工,而且养殖用水净化处理后还不影响环境。

### 三 经验总结

### 1. 夯实数字设施建设,提升乡村人居环境治理基础

加快乡村互联网基础设施、信息传输通道和信息化服务能力建设,实施乡村地区网络全覆盖,推动乡村地区宽带发展。统筹推进信息通信、广播电视基础网络与道路、电力、水利等公共基础设施协同建设,进

一步提升城镇、乡村光纤覆盖率。弥合城乡"数字鸿沟",提升农村电信普遍服务,促进城乡基本网络服务均等化,不断拓展乡村地区基础网络的覆盖范围和提升服务质量。

### 2. 创新产业发展模式,提升人居环境质量

五四村在经济发展模式上充分结合人居环境治理。在种植和养殖业上,五四村借助科技赋能,实现精准灌溉、精准培育、封闭环境种植、循环养殖,减少了对村庄环境的影响。同时,五四村结合本村实际,围绕自然生态、花卉苗木基地等具有地方特色的产业,积极调整产业结构,培育乡村休闲旅游景点,将农事活动、农业观光等参与性强的项目融入农家乐休闲旅游中去,培育精品民宿,不断拓展休闲旅游项目,吸引城镇居民来休闲观光度假,发展文旅业,提升村庄人居环境。

## ▶ 第五节 "微治—长管结合"的张家桥模式

### 一 张家桥村简介

张家桥村位于常熟市辛庄镇西部,望虞河东,行政区域环绕张桥集镇,由原张家桥村、原庙桥村和南湖村合并而成。现下辖36个村民小组,1019户,常住人口约4248,外来人口超过2100,总居住人口超过6000。张家桥村是首批江苏省文明村、江苏省卫生村、苏州市农村基层建设现代化建设示范村,近年来还获得了苏州市先锋村、苏州市新农村建设示范村等荣誉。

## 二 主要做法

### 1. 以多元活动推动环境治理

张家桥村选出由一名红色指导员、七名管家和多名志愿者组成的"村庄管家"骨干队伍,发挥乡贤能人"人熟、事熟、理熟"的优势,成立"文明积分体检服务队",推动人居环境治理工作的积分管理。依托"福润小院""光影小院"等阵地,大力推进"大家讲庄""光影夜谈"等村民议事活动,让积分管理有理可依、有据可查。截至2021年,全村共建设"大家讲庄"协商议事平台12个。这些队伍和平台的建立,促使积分管理办法立竿见影。2021年,马家坝共召开协商议事活动12次,其中长效管理评比活动6次,"星级文明户"评比活动4次,收集各类问题15个,落实建房户管理、长效管理措施8个,征集群众微心愿15个。通过以上途径,在张家桥村马家坝形成"私人区域自我维护、公共区域轮值维护"的良好局面,凝聚"自家环境我负责、村庄环境我有责"的思想共识。

### 2. 以小激励促环境治理大成效

围绕村庄环境、村风民情和村庄文明三个板块,划分宅前屋后环境、安居超市、垃圾分类和志愿服务等九个评分项目,创新运用三种"激励+"奖励形式:一是通过"激励+党员积分管理",对在村庄长效管理中做出突出贡献的党员,在年终党员积分管理中进行加分并在党员大会上予以通报和表扬;二是通过"激励+村庄长效治理",对在评议中积分达到相应分值的村民,予以兑换相应日用品的物质奖励。针对涉及如违章搭建、出租房未备案等一票否决事项的,当月取消评选资格,并列入灰榜名单进行公示;三是通过"激励+星级文明户",针对"星级文明户"评选标准,每季度根据综合评分对农户实行星级调整,对获得"五星文明户"的农户进行张榜公示。

## 三 经验总结

### 1. 微治理助力环境整治

人居环境整治,建设宜居乡村,坚持群众不仅是受益者,还是重要的参与者、建设者和监督者。张家桥村积极探索"微治理""微更新"等有效模式,提升居民参与感。自2021年起,辛庄镇以张家桥村马家坝为试点,通过"大家讲庄"微议事、"积分管理"微激励、"村庄管家"微治理,推动农村人居环境长效管理见行见效。张家桥村以评比促进百姓环保意识的提升,以评比促进农村人居环境长效管理机制的建立,扎实推进美丽乡村建设软环境和硬环境相结合,全面提升村庄治理效能。

### 2. 熟人文化助力环境整治

充分挖掘农村熟人社会的特点,为村民构建平台,坚持村民自主原则,通过各类活动带动村民参与人居环境整治,大力提高村民的自治能力和积极性。张家桥村创建"微主体",以村为基础单元,把农村人居环境综合治理载体在基层实体化,延伸治理的触角;着眼"微事务",搭建各类管理服务平台,推动管理服务真正落地;建强"微团队",优化治理队伍成员构成,强化环境卫生治理力量;搭建"微平台",加强管理服务平台建设,推进农村生活垃圾收运处置体系项目建设;完善"微管理",科学设置工作组,做好责任划分、卫生保洁、监督考评、落实奖惩规章等事宜。

### 3. 积分管理构建长效机制

环境建设好了,如何长效管护是个难以解决的问题。张家桥村推行文明积分制度,美化人居环境,构建长效人居环境维护机制。在党员引导的基础上,鼓励群众参与,建立一套文明评价的量化标准。从遵规守法、志愿服务、环境保护、孝老敬亲、团结邻里、活动参与等方面制定评价分值。这样量化的评价标准,使文明不再是抽象笼统的概念,而是实实在在的行为。通过建立个人文明积分账户,建立文明评价常态化制度。考评人员可以是党员也可以是群众。通过兑换生活用品或公共文化服务的文明积分,让居民得到实惠,在一定程度上激发党员和群众自觉参与文明创建的积极性。

## ▶ 第六节 "上下联动"的义安模式

### 一 义安区简介

安徽省铜陵市义安区位于安徽中南部,下辖2乡6镇1办事处,总面积845平方千米,共有99个行政村,农村总住户7.47万、总人口21.58万,其中常住农户5.93万户。义安区认真贯彻落实党中央和省、市委关于农村人居环境整治及村庄清洁行动工作的部署,巩固和拓展农村人居环境整治三年行动成果,按照"连点成线、聚线成面"的方式,全域推进农村人居环境整治,全年累计投入资金近3000万元,整治自然村1046个、整治率达100%,基本实现村庄环境干净整洁有序,农民群众环境卫生观念变化喜人、生活质量大幅提高。

### 二 主要做法

#### 1. 建立"三级包保制",促进整治工作上下共进

义安区按照"五级书记"抓乡村振兴的工作要求,充分发挥党政领导作用,成立由区委书记和区长任"双组长"的全区农村人居环境整治工作领导小组,建立区、乡镇(办事处)、村三级党员干部包保联系制度,进一步压实村庄清洁行动工作责任,实现上下联动、齐抓共管的工作格局。

义安区以"农户家庭"为整治单元,按照院内净、室内净、厨房净、厕所净、个人净"五净"标准,签订"村庄清洁行动做表率"承诺书,调动群众积极性、创造性,激发由"被动干"变"主动干",形成从"突击干"到"常态干"。将"共建清洁家园"和国家重大庆祝活动有效结合,定期开展村庄清洁行动,利用传统节日,如"春节""端午节"等节假日,广泛发动农村妇女、团员青年等开展各具特色的清洁家园行动,发挥评选产生的"美丽庭院""美好人家"示范户的带动作用,引领村民塑造向上、向善、向好的精神风貌,营造人人关心和参与村庄整治的良好氛围。

### 2. 狠抓"三个关键点",攻坚克难推进村庄清洁行动

在推进村庄清洁行动中,义安区明确三个关键点:一是整乱除顽疾。针对无人居住的废旧房、外露管线"蜘蛛网"及乱拉乱挂、乱搭乱建等现象,通过"干部包保+乡贤助推"的方式,由易到难、循序渐进推动,共拆除无功能建筑近5000平方米,清理乱搭乱建2000多户,清理残垣断壁近500处,垃圾无害化处理率达100%,实现面上清洁向深层洁净延伸。二是改旧貌变新颜。注重就地取材,使用竹篱笆、石块、砖瓦、木桩等废旧材料,将拆后空地、闲置宅基地围建"小菜园""小花园""小果园",共清理柴堆上万处,整理菜园及闲置空地5000余处,绿化空地近20000平方米。此外,在整治过程中,注重收集石磨、水缸等旧时物件1000余件搭配入景,凸显农耕文化,留住乡愁记忆。三是三水分治优生态。对村内水资源进行分类治理,按照"白水"分流、"灰水"处理、"黑水"治理的原则,优化农村水环境,具体包括修建排水沟(管),修建微动力处理设施,清理村内池塘和沟渠58.5千米,清理畜禽养殖粪污等农业生产废弃物,实施全住户农户改厕。

### 3. 建立"三张网",全面推进村庄清洁行动

村庄清洁工作涉及经济、社会、生活各个方面,实施上既要有广度,

保证清洁工作的全面性,又要有密度,保证整治工作不留死角。为此,义安区设置了"三张网"推进本地区村庄清洁工作。一是设置"制度网"。工作要长久有效,必须制度先行。义安区完善"村规民约""门前三包"等约束制度,设立"村庄清洁日""清洁指挥长"等形式,结合春季、夏季及秋冬季"三大战役"把村庄清洁行动形成制度化,确保村庄常年保持干净整洁有序、避免反复反弹。二是编制区内"评议网"。鼓励适当竞争促整治。通过议事、监督等村民自治组织,开展村与村、乡与乡之间"比一比、看一看"活动,相互"查不足、看变化",取长补短,形成人居环境整治"目标上区内一致,行动上大家比比看"的治理新格局,提高了各村的积极性和参与度。三是强化"保障网"。建立"区级补一点、乡镇(办)出一点、村集体筹一点、农民投一点"的多元化筹资渠道,平均每个村投入整治资金约30万元,其中区级财政按照10万元/村的标准进行奖补。从资金角度有力地保障了环境整治工作的顺利开展。

### 4. 落实"双轨制",共同推进义安区环境治理

义安区发挥考核制和志愿制两种制度,共同推进环境治理工作。首先,在村庄治理时,针对人居环境、垃圾分类等方面的问题,形成村民每月第一周互评、"村庄管家"每月定期督评的双模式评分机制,对自然村内各农户进行打分,并张榜公布。同时,制作和完善微信小程序"美丽村庄我出力",将在互评、督评中发现的问题及时上传至小程序,由后台工作人员收集问题及时反馈给农户,形成相互监督、及时整改的良好局面。"村庄管家"牵头走访村民,收集村庄内村民自治问题,对勇于建言献策的村民予以积分支持。如果说考核制是义安区采取的"硬"措施,那么志愿制则是义安区采取的"软"措施。义安区积极引导落实村民组建"洁美家园"志愿巡查队,分片包干认领责任区,引导村民主动参与绿化养护、道路清扫、河道保洁、设施维护等志愿服务活动,让村民自主整治、自

我管理、邻里互助、邻里监督成为常态。

## 三 经验总结

### 1. 坚持高位推动，确保人居环境整治高效性

按照"五级书记抓乡村振兴"的工作要求，建立区、乡、村三级书记抓农村人居环境工作机制，定期研究谋划、督查推进，同步将农村人居环境整治工作列入年度区党政机关目标管理绩效考核和落实乡村振兴战略实绩考核中，推动农村人居环境整治工作落地见效，确保人居环境整治工作高效高质地完成。

### 2. 狠抓重点任务，促进"以点带面"提升人居环境

义安区在坚持高位推动的基础上，采取"上下联动、集中整治"的工作思路，聚焦农村人居环境提升的难点、痛点、堵点，深入推进农村人居环境整治，主要抓住"拆旧""就地取材建新""治污"三项关键任务，努力打造风景秀美、村容整洁、生态宜居的义安区新农村。

### 3. 利用竞争机制，推动被动治理变主动治理

义安区在全区范围内开展村与村、乡与乡之间人居环境整治评比活动，将竞争机制融入整治行动中，这种"锦标赛"效应，促进了村干部、村民由被动加入变为主动作为，提高了环境整治工作参与主体的积极性和可持续性。

# 第七节 "全面机制化"的太湖模式

## 一 太湖县简介

太湖县位于安徽省西南部、大别山区南缘,东邻潜山、怀宁,南连望江,西南接宿松,西接湖北蕲春、英山,北毗岳西。东西相距64千米,南北相距23千米,总面积2040平方千米。太湖县辖10个镇、5个乡,根据第七次人口普查数据,截至2020年11月,太湖县常住人口约430465。

2021年以来,安徽省太湖县围绕农村人居环境整治提升的目标任务,创造性开展工作,特别是实施"三边治理"集中攻坚专项行动以来,全县上下掀起了人居环境整治的新高潮。

## 二 主要做法

### 1. 推进治理组织机制建设,提升环境治理水平

太湖县以机制建设为抓手,高效推进人居环境整治工作。一是组织领导机制。县委以《太湖县全面推进人居环境整治的实施意见》为纲领性文件,配套有"三边"治理、党建引领、乡风文明、领导包保、指导督导等5个文件。坚持党政"一把手"亲自抓,县、乡、村三级书记一起抓。完善抓落实的工作机制,每月20日为全县农村人居环境整治工作日。完善县农村人居环境整治工作领导小组,设立整治办,统筹推进全县农村人居环境整治工作。二是资金保障机制。县财政统筹安排3000万元专项资金用于人居环境整治工作,县每年确立2个重点推进乡镇,每个乡镇每年确立2个示范整治村。三是包保机制。在全县实施层级包保机制,县领

导包乡镇、包乡镇范围内的重点道路；乡镇包村、包村道；村包组、包组道。四是督导考核机制。各乡镇制定常态化的考核制度，开展互评互比活动，健全奖惩激励机制，每次督导评估结果经县分管领导审核后报县委、县政府主要领导，在全县进行通报，并计入单位"农村人居环境整治"年度综合绩效考核。

### 2. 主抓"三边治理"，提升人居环境整治水平

一是推进道路两边治理。聚焦县域内铁路沿线、国省县道干线和乡村组道路两侧"脏乱差"的问题，推进道路两边治理。按照"能拆尽拆、应拆尽拆、应清必清"的原则，同步实行"拆、清、补"，采取绿化等有效措施补齐道路沿线环境治理问题短板，实现"路"即是"景"，"路"即是"业"，道路畅通安全、沿线清爽整洁的目标。二是推进城镇周边治理。针对集镇上的脏乱问题，对农贸市场、公园、公厕、广场等重点公共场所实行"门前三包"，加大环境整治力度。三是推进村庄周边治理。聚焦农田、河道、林带和庭院、屋内"脏乱差"等问题，常态化开展专项行动，彻底清除"脏乱差"现象。针对村内水系，重点落实"河湖塘长制"，实现周边水系"河畅、水清、岸绿、景美"，管控农田、河湖、渠道、林区、山体边坡等区域环境，抓好村部及村内街巷道路、休闲广场、河塘沟渠等公共区域环境整治、卫生保洁，发挥村规民约在加强农村环境卫生整治等村级事务管理中的引导和约束作用，抓好农户庭院整治。

### 3. 因村施策，提高治理工作针对性

因村施策，不搞一刀切式治理。对一般整治村庄，加大村庄公共环境整治力度，着力由"治脏"向"治乱"转变，实现干净整洁有序。对重点整治村庄，在完成基本整治任务的基础上，提高工作标准，着力由"净化"向"美化"转变。

## 三 经验总结

### 1. 建立全面机制,保证整治效率

农村人居环境是乡村振兴的面子,也是群众生活的里子,面子要美、里子要优。太湖县深化思想认识,提高政治站位,落实落细上级决策部署,在组织领导方面加大力度,建立领导机制、资金保障机制、包保机制,为全面推动人居环境整治提供了有效保障。

### 2. 营造参与氛围,鼓励全员参与

通过网络媒体、发放宣传单、村村响广播、流动宣传车、开办乡村振兴夜校、党员公开承诺等多种途径开展广泛宣传动员,号召党员带头示范,引导群众主动参与,形成"支部引领、党员带头、乡贤助力、群众参与"的浓厚氛围。当地党员干部积极组织开展农村人居环境整治暨"三边治理"集中攻坚专项行动志愿服务活动,各村依托新时代文明实践站开展专题志愿服务活动。

### 3. 实施清单管理,确保落实有效

全面梳理本地区人居环境整治工作,实施任务分解并清单化。在不同工作阶段,明确重点整治区域、重点任务、任务完成标准,并制定任务清单,在工作推进中对标推进、对表销号。任务清单化有效将任务落实到岗,责任落实到人,详细划分责任网格,织起任务网、责任网,实现工作全覆盖。通过建立网格专班,建立小单元治理体系,由驻村工作队和村"两委"成员任网格长,将道路养护员、生态防护员、保洁员和区域内党员"四员"统筹整合、设岗定责,确保沿线整治任务不留死角,做到组织有秩序、落实有实效。

## ▶ 第八节 "重规划，强引导"的昶方模式

### 一 昶方村简介

昶方村隶属安徽省巢湖市黄麓镇，是一个有着六百多年历史的古村落，位于巢湖北岸，紧邻炯长路，处于北岸"休闲度假"旅游产业带中心位置、巢湖发展"双城带动"战略之一的半岛生态科学城的核心地带，占地面积约1.5平方千米，总人口约1500。作为巢湖市乡村旅游示范点，昶方村以改善人居环境为主入口，狠抓生态宜居，实现户户通自来水、户户通硬化道路、户户用卫生厕所、户户庭院干净整洁、户户污水有效处理，户户房前屋后绿树成荫、户户垃圾分类处置、人居环境生态美丽，成为安徽省乡村人居环境整治的典范。

### 二 主要做法

#### 1. 生活垃圾的"全流程"管理模式

昶方村生活垃圾处理主要采取政府投资基础设施，企业负责具体运营，县、镇、村负责监管的模式。具体做法上，巢湖市推行"全流程管理"的工作方法，构建"分类收集、定点投放、分拣清运、回收利用、生物成肥、焚烧减量处理"的模式。其中，垃圾收集实行三级分类，即农户初分、保洁员二次分类、处理终端第三次分类处置。垃圾分类环节按四层分类处理，即根据农村生活垃圾特性，按有机物、可回收物、有害垃圾和其他垃圾四个类别进行处理。此外，还建立垃圾定点投放、定人收集、定时清运、定点处置及定责管理五项制度，使垃圾治理的流程和职责体系更加规范化。

## 2. 生活污水的"一体化"处理模式

昶方村生活污水的治理采取"一体化"的处理模式。昶方村新建雨污水管网3000多米,检查井37座,采取设计与采购、安装一体化方式,由水务公司建设日处理50吨一体化污水处理设施一座,并由专人负责日常运行维护,维护费由市财政支付。

## 3. "厕所革命"的"三优三监一保"模式

昶方村在改厕中采取"三优三监一保"的推进模式,即"优选改厕产品,优选施工队伍,优选售后服务,加强群众监管,加强监理旁站,加强三巡检查,提高质保年限"。厕所是否改造由农户自愿选择,政府根据村民意愿,对愿意改造厕所的提供基础设施建设。日常运行方面,乡镇一级的政府与村民签订管护协议,明确村民在厕所改造管护中的主体责任。其一,鼓励村民对粪渣、粪液自行清掏,用于农业生产。对于自己主动清掏的,每户年终补助50元。其二,实行有偿清掏服务。在化粪池日常清掏维护工作中,按市场化机制提供有偿服务,对有清掏需求的村民按前三天以最低标准收费,之后按梯度收取服务费。其三,实现粪渣、粪液无害化处理利用。乡镇政府协调改厕服务站与种植大户,通过签订协议,明确大户自行建设储液池和堆肥垒,管护人员将粪渣、粪液定期送到指定地点,种植大户按次结算运费,解决了种植户有机肥难买、农户粪污无处出的问题,实现经济、社会、环境效益最大化。

## 4. 村容村貌整治的"四化"模式

昶方村加强村庄硬化、绿化、亮化、美化,启动美丽乡村建设,完成了旧村改造、建筑整治、基础设施完善和景观提升等工作。在旧村改造上,主要处理生活垃圾、生活污水、废弃物乱堆乱放等问题。在建筑整治上,对不符合村庄整体风貌的建筑进行修缮,对简易建筑予以拆除,对新建

筑要求延续村庄原有风貌。在基础设施上,改造村貌活动广场、娱乐室等休闲配套设施,并完善村排水系统和村内道路等。在景观提升上,对村庄内的闲置地、水面景观等主要地点进行美化提升。

## 三 经验总结

### 1. 提高站位,紧盯美丽乡村建设目标

昶方村把农村人居环境整治作为政治任务持续推进,专门设立农村人居环境整治工作组,统筹抓好政策制定、任务分解、项目推进、督查考核等工作。通过细致的研究谋划,昶方村明确了乡村人居环境整治的指导思想和工作目标,确定了重点整治任务。全体人员紧盯目标不放松,切实将农村人居环境整治落到实处。

### 2. 科学规划,有序推动各项整治工作

人居环境整治包括垃圾治理、清洁用厕、污水治理、安全饮水、乡村道路、公共空间、综合服务等。昶方村根据自身经济、社会发展情况,以及村庄民情,秉持先易后难、先示范后推广、先宣传后行动的工作方法,科学而有序地推动人居环境整治工作,争取参与方的支持,大大提高了人居环境整治的效率和可持续性。

### 3. 增强意识,努力普及村民环保知识

昶方村通过提升村民环保意识,改变他们乱扔垃圾的习惯。昶方村通过配备党建指导员和社工,专门从事垃圾分类的教育和知识普及工作。村干部既指导垃圾分类和污水处理等工作,又当社工进行环境保护教育,普及垃圾分类知识。不仅如此,昶方村充分发挥当地大学生的作用,既当宣传员又当教员,还当清洁员,成为名副其实的"三员"义工。此外,昶方村通过村史展览、文化教育等活动,弘扬村庄文化,培育文明乡风、优良家风文化,不断提升村民的素质。昶方村通过各种形式的社会

主义核心价值观教育,树立村民爱家、爱国的高尚情怀,形成"人人争优秀、户户当示范"的良好氛围。

## 第九节 "以点带面"的长冲模式

### 一 长冲村简介

长冲村位于安徽省合肥市庐江县万山镇的西南部,由原来的马店、古宕、堰洼、柳店4个村合并而成,属山区村,全村总人口5300,农户1450户,自然村庄62个,现有村民组31个。长冲村地域面积约20平方千米,耕地1700多亩,茶园4000多亩,林山场15000多亩;国家和省级补助的公益林10100亩,财政补贴的退耕还林338亩。长冲村农业产业以茶叶为主,辅以玉米和水稻种植。2019年9月,长冲村被认定为2019年度第一批安徽省美丽乡村重点示范村。2020年11月,长冲村入选首批安徽省特色旅游名村名单。2020年8月,长冲村入选第二批全国乡村旅游重点村名单。

### 二 主要做法

#### 1. 生活垃圾日产日清

庐江县万山镇人民政府委托庐江县招标采购交易中心,对万山镇长冲村伏岭公路等公路硬化建设项目公开招标。在道路治理后的长期维护方面,长冲村聘请"路长"分片区专门负责道路养护、打扫。将"路长"纳入公司统一管理、统一培训,配发服装、清洁工具,实行月定评、季考评、年终考,将报酬与工作效果挂钩。另外,万山镇还根据实际工作量为

"路长"配备清扫工具、垃圾收集桶、收运车等,保证垃圾日产日清。

### 2. 生活污水集中统一治理

庐江县高度重视集镇污水处理设施建设工作,按照"一次建成、长久使用,持续发挥作用"的原则,实施生活污水集中统一处理。长冲村根据当地的实际情况,选择合适的治理技术和模式,加强改厕污水与农村生活污水治理的有效衔接,建立健全农村生活污水整治有效机制。

### 3. 厕所改造合理有序推进

长冲村根据村民改厕意愿,有序推进农村"厕所革命"。"厕所革命"本身耗资巨大,长冲村根据当地财政实际情况和群众的意愿,科学确定改厕范围,主要通过走访了解,根据群众意见,通过先试点再推广的原则进行改厕。先建立改厕示范户,组织改厕农户进行现场观摩并进行必要的技术指导,确保所有改厕安装规范,符合标准要求。

### 4. 自然资源生态化开发打造

长冲村以当地生态自然环境为基础,对村周围荒山进行整治,打造出多种多样的经济作物生产基地,包括茶园、果园、花园和苗园等。这种荒山开发利用,不仅大大提高了村庄的整体环境,而且为村民带来了可观的经济收入,保证了村容村貌整治的可持续性。

## 三 经验总结

### 1. 立足"党建+"工作机制,推动各项工作开展

充分发挥基层党组织的战斗堡垒作用,通过党员活动日等活动,强化党员在农村人居环境整治工作中的先锋模范作用。扎实推进党建引领的垃圾分类、农村改厕、环境保护等工作,走出了一条党组织"牵线"、市场"融入"、村民"参与"的路子,使得乡村人居环境得到进一步提升。

### 2. 因地制宜,不搞另起炉灶式村庄治理

长冲村遵循不搞大拆大建、不套用城市标准、不拘一个建设模式的整治原则,充分利用自身的生态资源,并将其融入农村人居环境整治的规划设计和项目建设过程中,坚持乡村景观与农村生产、生活、生态和谐发展。

### 3. 结合自然禀赋,发展特色产业

长冲村以建设美丽乡村为契机,开发茶园、果园、花园和苗园等经济作物种植,发展村级集体经济,建设田园综合体,在人居环境改善中促进经济发展、农民增收。

## 第十节 "广泛动员参与"的石婆店模式

### 一 石婆店镇简介

石婆店镇隶属于安徽省六安市裕安区,地处裕安区西部,江淮分水岭西侧,西与金寨县接壤,北与霍邱县相邻,地理位置独特,被称为"大别山门户",距裕安区城区56千米,区域总面积153.2平方千米。石婆店镇辖1个社区、16个行政村,户籍人口约为48790。近几年,石婆店镇在农村人居环境专项整治行动中,通过抓党建、广宣传、勤动员、立标杆,发动党员带头、动员群众积极参与,通过有力措施,实干加巧干,让农村人居环境美起来、靓起来。

石婆店镇通过多项措施,广泛动员党员干部和群众深度参与环境整治。通过召开板凳会,动员党员干部和群众,评选"最美家庭""最美庭院"等,清理垃圾,拆除无功能建筑等,有力提升了农村人居环境面貌,不

断推动人居环境美起来,让群众生活好起来。

## 二 主要做法

### 1. "党建+"抓起来

石婆店镇抓实"党建+环境整治",压实主体责任,充分发挥支部书记带头和党员的先锋模范作用。村支部书记带领保洁员等参与道路除草、清理白色垃圾、房前屋后环境整治,同时发动党员积极参与创建"最美庭院",带头示范。支部书记要"带着干、教着干、盯着干",群众看在眼里,跟着干。人居环境整治需要全体村民共同参与才能事半功倍。

### 2. 板凳会开起来

通过板凳会这一平易近人的交流方式,党员干部和群众围坐一起以唠家常的形式说环境整治,围绕村庄清洁行动,大家交流座谈、畅所欲言,干部宣传政策、倾听民意,群众热烈讨论、献言献策,既听明白了为什么,又想出了怎么干,一个个贴合群众生活实际的方法被实施、鼓励、推广,也充分激发了群众的参与热情。目前,石婆店镇已经召开板凳会141场次,通过一场场板凳会,镇村干部晓之以理、动之以情,动员群众积极参与,营造了浓厚的宣传氛围。

### 3. 小庭院扫起来

石婆店镇进一步压实环境整治包保网格制,通过镇干部包村,村干部包组,队长、党员、公益性岗位组成网格员包户的方式,打通人居环境"最后一米"问题。一方面,通过网格员户户宣传,动员群众开展庭院、房屋卫生清扫行动,让群众把自家小庭院扫起来;另一方面,网格员每到一户都具体指导帮助群众搞好庭院卫生,根据农户自身情况,结合实际,按照整洁、干净、有序的标准验收,验收合格后统一张贴"人居环境整治合格户"标识,激励群众保持房前屋后的环境卫生。

### 4. 好标杆立起来

为进一步发挥模范带头作用,石婆店镇深入开展"最美庭院""最美家庭"评选活动,按照庭院干净整洁有序、家庭成员卫生习惯好,成员热心村公益事业等多个标准,通过小组板凳会现场投票产生,选出的家庭颁发实用奖品,列入村红榜表彰,同时评选出黑榜家庭并公示曝光,通过奖励先进、督促后进,充分调动群众参与热情,营造环境整治"人人参与、户户比学"的浓厚氛围。

## 三 经验总结

### 1. 党委高度重视

镇党委高度重视人居环境"两整一改"的专项行动,通过党委扩大会专题研究部署,明确方案和领导组,确保环境整治组织有力、有序推进。同时,镇党委坚持党建引领人居环境建设,党委书记带头抓人居环境整治,充分发挥支部书记、党员带头引领作用,把农村人居环境整治作为提升基层组织向心力、战斗力的有效抓手。各村党组织依托"三会一课"和主题党日等平台,广泛宣传动员党员带头开展环境整治,通过党员带头干,教育引导群众积极参与人居环境整治,合力绘就美丽乡村新画卷。

### 2. 工作措施得力

一是通过平易近人的板凳会交流方式,凝聚党员干部与群众致力于环境整治的共识。大家交流座谈、畅所欲言,干部宣传政策、倾听民意,群众热烈讨论、献言献策。二是以评比的方式激励大家广泛参与环境整治。石婆店镇开展"最美庭院""最美家庭"评选活动,选出优秀家庭,颁发实用奖品,列入村红榜公开表彰,同时评选出黑榜家庭公示曝光,通过奖励先进,督促后进,相互比一比、看一看的方式充分调动群众参与热情。三是压实责任促落实。通过镇干部包村、村干部包组、队长、党员、

公益性岗位组成网格员包保机制,落实每一层整治责任。四是加强督导促效果。成立由班子成员带队的督察组,对全镇人居环境分片督查指导,发现问题当场反馈。实行周排名、周调度,对排名后三位的片区,要求包村干部及村书记在每周例行调度会上表态发言,对排名前三位的片区发放流动红旗并给予现金奖励。

### 3. 注重长治长效

石婆店镇紧紧围绕"四治两完善""四净两规范""四勤两参与"和"五清一改"目标,对排查出来的突出问题分类推行,建立台账,举一反三,同时完善村规民约、日常保洁机制等,发扬钉钉子精神,坚持环境整治一张蓝图绘到底,确保长治长效,久久为功。

# 第六章 结语与展望

新农村人居环境整治工作是一项复杂、系统的长期工程。未来要实现既定目标,需要按照党和政府的总体要求,因地制宜、循序渐进,围绕强化领导、创新科技、明确主体、补齐基础、立足长远,积小胜为大胜,打造美丽乡村,建设美丽中国。

第一,发挥党建引领,构建现代环境治理格局。农村人居环境整治提升涉及多部门和多机构,不同主体之间在对相关政策、文件理解与执行的过程中容易出现偏差。2019年的《中国共产党农村基层组织工作条例》明确规定,党支部是党在农村的基层组织,是乡村各类组织和各项工作的领导核心。所以,为构建农村人居环境治理现代化格局,地方政府要进一步采取措施,不断夯实基层党组织在农村人居环境整治提升中的领导核心地位,加强基层党组织建设,比如通过年轻化实现干部队伍的年龄结构合理化,创建干部上下、横向交流机制,交流思想,分享经验,防止思维固化,全面构建"党建+"工作机制等,将基层党组织的政治优势转化为农村人居环境治理的实际成效。

第二,创新技术应用,提高人居环境治理水平。我国幅员辽阔,全国共有五六十万的乡村。各地农村气候条件不同,自然资源禀赋迥异、经济社会背景差异显著。这些客观条件决定了我国乡村人居环境治理工作没有统一的模式。在农村人居环境整治三年行动过程中,个别地区以少数几种技术模式和工程标准,对复杂的农村人居环境进行统一整治,既不符合发展规律,也不能满足现实需要。所以,在《农村人居环境整治

提升五年行动方案(2021—2025年)》中,政府要求各地应遵循因地制宜、实事求是、群众乐于接受、能够接受的原则,充分考虑自然和社会经济背景,科学论证农村人居环境整治提升技术和产品的针对性及适用性,采用符合当地农村实际、方式多样的污水垃圾治理和厕所改造模式。在技术的具体应用及整治手段上,还需要考虑多种技术的整合集成,特别是应强化技术应用的简单性和易操作性。处理好技术标准体系建设与专项技术项目研发的关系,开发可使用、能使用、易使用的人居环境治理技术。

第三,明确主体责任,激励农民全方位参与。在农村人居环境整治工作中有一点必须强调,即农民是乡村社会的主体,也必然是农村人居环境整治的受益主体、建设主体和治理主体,所以始终要充分发挥农民在乡村人居环境整治中的主体作用。目前,一些地区农民参与农村改厕等人居环境整治提升工作的积极性不高,存在"干部干,群众看,不满意就捣蛋"的现象。农民的主体作用发挥不充分,在一定程度上影响了农村人居环境整治提升效果。所以,要在法律法规层面明确农村居民在环境整治工作中的权利与义务,对农村居民履行环境保护义务做出规定,既包括相关治理费用的缴纳,也包括自觉参与人居环境治理中维护、管护等工作。考虑到农民的人居环境治理意识不强的实际情况,现阶段应广泛开展农民培训教育,创新使用短视频、直播等现代化传播手段,采用速度快、覆盖范围广、农民喜闻乐见的方式,全方位宣传农村人居环境整治的必要性和参与方式,加深农户对自身生产生活行为对环境的影响的认识,同时增加农户在环境治理方面的专业知识储备。通过实际行动激发农民参与的主动性、创造性,引导农民做乡村人居环境的建设者、参与者、监督者,将自治、法治、德治融入农村人居环境治理工作中,提升农村人居环境治理的有效性和可持续性。

第四,补齐基础设施,夯实农村人居环境治理基础。新中国成立之后,我国采取了以农补工,优先发展工业,尤其是重工业的发展策略,城乡关系上采取了偏城轻农的政策导向,这间接导致我国城乡人居环境治理极不均衡。从总体来看,城市发展快,基础设施建设覆盖较为全面,人居环境治理情况也较好。而农村地区发展滞后,基础设施建设覆盖率较低,人居环境治理也相对滞后。在一些偏远的农村山区,甚至缺乏基本的卫生厕所、生活污水垃圾处理等配套设施。随着乡村振兴战略的实施,目前,可考虑将农村地下管网建设工作与厕所改造和污水处理等项目工程进行统一规划、科学设计,从而完善相应管网、生活垃圾收运设施和污水处理工程等基础设施建设。需要强调的是,加强农村人居环境整治,仅仅改善基础设施硬件条件是远远不够的,还应该因地制宜地推动软件条件的配套服务工作,促进农村人居环境整治工作与互联网建设深度融合,建立健全乡村人居环境治理的长效运行管理机制,提高管护水平,确保高质量建成、高效率使用、高稳定发挥作用,实现农村人居环境整治效果大幅提升,让农村成为名副其实的宜居宜业之地。

第五,立足长远目标,健全管护运行长效机制。长效管护机制是保障农村人居环境整治成果的最好办法。为构建好农村人居环境整治长期机制,应重点抓好明责任、建队伍两项工作。一方面,按照《关于深化农村公共基础设施管护机制改革的指导意见》要求,明确农村人居环境整治管护责任主体。依法明晰产权,核发产权证书,按照受益者管护、使用者管护的原则明确管护责任主体。针对农村生活污水集中处理设施,在县级层面,对责任主体进行明确。针对农村户厕,明确农户对户厕管护的主体责任。另一方面,建立专业管护队伍。生活垃圾治理方面,建立专门村庄保洁队伍,并通过资源回收、积分制度等多种渠道保障村庄保洁队伍运行成本。在农村户厕管护方面,引导农户、农业合作社、家庭

农场、种粮大户等发挥主体作用,成立专业社会化服务队伍,具体负责厕所维修维护、定期收运粪液粪渣并进行资源化无害化处理。

总之,农村人居环境整治工作是乡村振兴的关键环节,是增进人民福祉和社会建设的重要内容,也是我们实现美丽中国的重要内容。村民在农村人居环境整治中既是环境整治的参与者,也是环境整治的受益者。我国农村人居环境问题从本质上来看,既是经济社会快速发展过程中生产方式、农民消费结构和消费方式剧烈变化的结果,也是人们的现代化环保意识和观念没有及时跟上等多重原因共同作用的结果。农村人居环境问题的成因表明,农村人居环境整治不是一朝一夕就能完成的,也不是哪一个部门、哪一个组织能单独完成的。我们要认识到,应从村民主体的视角出发,进行农村人居环境的系统整治、综合整治、源头整治和分类整治。广泛动员村民,充分调动广大村民整治农村人居环境的积极性,汇集各方力量,挖掘物质的和非物质的各种动能,实现农村人居环境整治的常态化、机制化和可持续化。

农村人居环境整治是一项长期、复杂、系统的工作,让我们久久为功,积小胜为大胜,努力改善农村人居环境,建设美丽宜居乡村,提升群众的幸福感、获得感。

# 参 考 文 献

[1] 吴良镛.人居环境科学导论[M].北京:中国建筑工业出版社,2001.

[2] 钱易.环境保护与可持续发展[J].中国科学院院刊,2012,27(03):307-313.

[3] 何翔舟,金潇.公共治理理论的发展及其中国定位[J].学术月刊,2014,46 (08):125-134.

[4] 闵继胜.改革开放以来农村环境治理的变迁[J].改革,2016(03):84-93.

[5] 韩智勇,费勇强,刘丹,等.中国农村生活垃圾的产生量与物理特性分析及处 理建议.农业工程学报,2017,33(15):1-14.

[6] 王刚.生态文明:渊源回溯、学理阐释与现实塑造[J].福建师范大学学报(哲 学社会科学版),2017(04):44-56.

[7] 于法稳,侯效敏,郝信波.新时代农村人居环境整治的现状与对策[J].郑州大 学学报,2018,51(03):64-68.

[8] 杜焱强.农村环境治理70年:历史演变、转换逻辑与未来走向[J].中国农业大 学学报(社会科学版),2019,36(5):8.

[9] 韩冬梅,刘静,金书秦.中国农业农村环境保护政策四十年回顾与展望[J].环 境与可持续发展,2019,44(2):6.

[10] 卢宪英.新中国70年村容村貌变迁与村庄规划[J].中国发展观察,2019, (22):36-38.

[11] 贾小梅,于奇,王文懿,等.关于"十四五"农村生活污水治理的思考[J].农业 资源与环境学报,2020,37(5):623-626.

[12] 孙炳彦.我国四十年农业农村环境保护的回顾与思考[J].环境与可持续发 展,2020,45(1):104-109.

[13] 王维,熊锦.我国农村生活垃圾治理研究综述及展望[J].生态经济,2020,36 (11):7.

［14］冯新刚.因地制宜、持之以恒、稳步推动村容村貌整体提升［EB/OL］.
　　　［2021–12–07］.http://www.farmer.com.cn/2021/12/07/99883687.html.

［15］王春平,张建伟,蒋先文.农村人居环境整治［M］.北京:中国农业科学出版
　　　社,2021.

［16］温锋华,沈体雁,崔娜娜,等.村庄规划村域国土空间规划原理［M］.北京:经
　　　济日报出版社,2022.